Hinweise

In diesem Buch finden Sie Rezepte, die rohe oder nur leicht gekochte Eier enthalten. Geschwächte Personen, etwa schwangere und stillende Frauen, Kranke, ältere Menschen, Babys und kleine Kinder sollten rohe Eier jedoch nicht verzehren. Für alle gilt: Bewahren Sie diese Gerichte nach der Zubereitung im Kühlschrank auf und essen Sie sie möglichst rasch auf.

Einige Rezepte werden mit Nüssen und ähnlichen Produkten zubereitet. Menschen, die auf Nüsse und verwandte Lebensmittel allergisch reagieren, sollten diese Gerichte nicht essen. Das Gleiche gilt für Menschen, deren Immunsystem geschwächt ist und die deshalb überempfindlich reagieren können, z. B. Schwangere, stillende Frauen, Kranke, Ältere, Babys und Kleinkinder. Essen Sie keine Nüsse oder Nussöle. Prüfen Sie beim Einkauf die Herstellerangaben auf den Etiketten.

Backöfen sollten stets auf die angegebene Temperatur vorgeheizt werden. Garen Sie mit einem Heißluftofen, beachten Sie, was Temperatur und Garzeit anbelangt, die Angaben des Herstellers.

Vegetarier sollten beim Kauf von Käse auf das V-Label achten, um sicherzugehen, dass der Käse aus vegetarischem Lab zubereitet wurde. Es gibt vegetarischen Parmesan, Feta, Cheddar, Cheshire, Red Leicester, Dolcelatte und viele vegetarische Ziegenkäsesorten.

Die Rezepte verwenden Standardmaße.
1 EL = 1 Esslöffel (15 ml)
1 TL = Teelöffel (5 ml)

Besuchen Sie uns im Internet
www.umschau-buchverlag.de

Inhalt

4 Einführung

14 **Klassische Saucen**

38 **Saucen zu Gemüse**

48 **Saucen zu Pasta**

64 **Saucen zu Fisch**

82 **Saucen zu Fleisch**

96 **Saucen zu Geflügel und Wild**

110 **Saucen zu Desserts**

126 Register

Einführung Eine perfekte Sauce kann selbst auf einfache Art gegartes Fleisch, Geflügel, Fisch oder auch eine Auswahl an Gemüse in eine aufregende und interessante Mahlzeit verwandeln. Ohne die Grundzutaten aufdringlich zu überlagern oder von ihnen abzulenken, bereichert und vervollständigt eine Sauce, indem sie einem Gericht mehr Geschmack, Farbe und Struktur verleiht.

Betrachten Sie dieses Buch als Nachschlagewerk für die Zubereitung von Saucen. Im Mittelpunkt stehen die wahren Klassiker: Saucen, die wir alle kennen, deren genaue Zubereitung uns aber oft nicht geläufig ist. Eine Auswahl an Variationen – neben den eher traditionellen auch moderne und innovative – darf natürlich nicht fehlen. Die meisten Rezeptideen sind überraschend schnell und leicht umzusetzen und benötigen nur wenige Zutaten. Wer qualitativ hochwertige Produkte verwendet, wird mit einem exzellenten Ergebnis belohnt. Damit Sie Ihr Menü besser planen können, finden Sie bei jedem Rezept die Angabe „Passt zu ...", natürlich nur als Vorschlag, denn möglicherweise haben Sie ganz andere Vorstellungen.

Wichtige Zutaten

Brühe Für Saucen auf der Basis von Fleisch-, Fisch- oder Gemüsebrühe empfehlen sich selbst gemachte Brühen. Lassen Sie sich bei dem Gedanken daran nicht gleich abschrecken. Brühen sind leicht herzustellen und kostengünstig. Man bekommt schnell Übung in der Zubereitung. Verwenden Sie übrig gebliebene Knochen von einem Braten oder kaufen Sie einige Knochen beim Fleischer. Für eine Gemüsebrühe eignen sich die verschiedensten frischen Gemüsesorten aus dem Kühlschrank. Soll die Brühe nicht innerhalb weniger Tage verbraucht werden, frieren Sie diese ein. Eine gute Alternative sind Fertigprodukte, allerdings sind sie im Vergleich zu selbst gemachten Brühen nicht so ergiebig und deshalb teurer. Wollen Sie die Brühe nicht selbst herstellen, verwenden Sie konzentrierte flüssige Brühen und Bouillons aus dem Glas, auch qualitativ hochwertige Würfel und Instant-Brühen. Leider enthalten Fertigprodukte meist recht viel Salz, gehen Sie deshalb sparsam damit um.

Butter Bei der Zubereitung von Saucen verwenden Sie bitte keine gesalzene Butter oder höchstens ein kleines Stück, wenn keine andere zur Hand ist. Gesalzene Butter brennt leichter an und ihr Geschmack ist nicht so sahnig.

Öle Für den Anfang reicht eine kleine Auswahl an Ölen. Ein aromatisches extra natives Olivenöl eignet sich hervorragend für mediterrane Saucen. Wollen Sie den Geschmack der übrigen Zutaten nicht überlagern, etwa bei Mayonnaise, und dennoch ein gutes Öl verwenden, greifen Sie auf ein leichteres Olivenöl zurück. Indische oder asiatische Saucen vertragen sich gut mit mild-aromatischen Ölen, z. B. Sonnenblumen- oder Erdnussöl, asiatische Gerichte mit einigen Spritzern Sesamöl. Zum Braten eignet sich Sesamöl allerdings nicht, da es einen niedrigen Rauchpunkt hat. Wer Mahlzeiten mit einem nussigen Aroma betonen möchte, kann Walnuss- oder Haselnussöl verwenden.

Kräuter Frische Kräuter haben einen wesentlich besseren Geschmack als getrocknete, sollten nach dem Kauf oder Pflücken jedoch so schnell wie möglich verbraucht werden. Die besten Kräuter verlieren nach einigen Tagen im Kühlschrank ihr Aroma.

Eier Verwenden Sie bei der Zubereitung von Saucen nur ganz frische Eier, möglichst Bio-Eier von frei laufenden Hühnern. Besonders wichtig ist dies bei Rezepten wie Vanillesauce, der die Eier den Geschmack und die Farbe verleihen.

Sahne Sahne ist oft wesentlicher Bestandteil einer Sauce und soll ihr eine samtig-weiche Note verleihen. Auch beim Kochen sollten wirklich frische Crème double oder Schlagsahne nicht gerinnen, es sei denn, sie wurden zuvor mit einer größeren Menge säurehaltiger Zutaten vermengt. Wer es schmackhafter und sahnig zugleich haben möchte, für den ist Crème fraîche eine gute Alternative. Sie darf nach dem Einrühren allerdings nicht mehr stark erhitzt werden.

Ausstattung Für die Zubereitung einer guten Sauce benötigen Sie nur sehr wenige spezielle Geräte und Hilfsmittel, die in einer gut ausgestatteten Küche meist bereits zu finden sind. Qualitativ hochwertige Töpfe und Pfannen sind unerlässlich und es lohnt sich, bei der Neuanschaffung darauf zu achten. Küchenmaschine oder Mixer ersparen Ihnen sehr viel Zeit und Schwierigkeiten.

Töpfe und Pfannen Zur Grundausstattung gehören nicht mehr als zwei oder drei Töpfe. Verwenden Sie stets (auch für alle anderen Gerichte) Töpfe mit einem schweren Boden, da diese die Wärme viel besser leiten. Eine Sauce brennt dann auch bei längerem Kochen nicht so schnell an. Zu den meisten Töpfen gehören Deckel, manchmal muss man diese aber auch separat kaufen. Im Allgemeinen benötigt man den Deckel nur, wenn nicht zu viel Flüssigkeit verdampfen soll. Einige Töpfe haben an der Innenseite eine Maßeinheit, was nützlich ist, wenn Sie eine Brühe oder Sauce reduzieren möchten. Ein großer 5–6-Liter-Topf eignet sich bestens für die Zubereitung von Brühen. Er bietet reichlich Platz für die sprudelnde Flüssigkeit und Sie müssen nicht befürchten, dass etwas überkocht. Einen mittelgroßen 2-Liter-Topf können Sie für die Zubereitung der meisten Saucen nutzen. Er kann auch als Wasserbad (Bain marie) eingesetzt werden. Füllen Sie dazu etwas kochendes Wasser in den Topf und stellen Sie eine hitzebeständige Schüssel hinein. Schlagen Sie die Sauce darin ab. Ein kleiner Topf ist ideal, um Zuckersirup zu kochen oder kleine Saucenmengen darin zu erwärmen.
Töpfe werden in den verschiedensten Materialien angeboten. Kupfertöpfe beispielsweise sind ideale Saucentöpfe, da sie Wärme hervorragend leiten. Leider sind sie auch recht teuer. Töpfe aus rostfreiem Edelstahl sind besonders beliebt. Sie sind leicht und einfach zu reinigen, und es gibt sie in einer Vielzahl von Arten und Formen. Die besten Edelstahltöpfe besitzen einen mit Stahl ummantelten Aluminiumboden, der die Wärme besonders gut leitet. Auch Aluminiumtöpfe eignen sich für die Zubereitung von Saucen, allerdings sollte man sie nicht verwenden, um Früchte oder säurehaltige Zutaten zu garen, da Säure mit dem Metall reagieren kann. Eine große Bratpfanne mit schwerem Sandwichboden empfiehlt sich zum Braten von Ge-

müse und Fleisch, vor allem dann, wenn die Zutaten knusprig-braun werden sollen.

Holzlöffel und Schneebesen Zum Rühren und Eindicken von Saucen eignen sich Holzlöffel. Bei professionellen Köchen sieht man meist Schnee- und Rührbesen, weil diese Klümpchen besser auflösen. Verwenden Sie am besten unterschiedlich große Schnee- und Rührbesen, aber verzichten Sie auf einen allzu großen. Er ist schwer zu handhaben und fällt womöglich aus dem Topf. Mit einem metallenen Schaumlöffel heben Sie Gebratenes zum Abtropfen heraus oder schöpfen Fett bzw. Schaum von Brühen ab. Eine große Schöpfkelle aus Metall eignet sich, um Flüssigkeiten umzufüllen. Schließlich benötigen Sie noch einen Gummispachtel. Damit lassen sich dicke Saucen wie Mayonnaise oder Sauce Hollandaise aus Töpfen herausschaben, ohne dass zu viel am Rand hängen bleibt.

Siebe und Seiher Konisch geformte Siebe sind ein ideales Gerät für die Saucenherstellung. Die Flüssigkeit tropft durch das spitze Ende und spritzt nicht auf die gesamte Arbeitsfläche. Mit einem kleingelochten konischen Sieb lassen sich Brühen abgießen, ein grobes Sieb eignet sich dagegen gut, um darin den Saft von Früchten oder Gemüse auszudrücken; auf diese Weise entsteht eine samtig-weiche Konsistenz. Zum Abgießen großer Mengen Fleisch- oder Fischbrühe sollten Sie einen Gemüse- oder Nudelseiher mit Griffen verwenden, den Sie einfach auf eine große Glasschüssel setzen. So haben Sie beide Hände frei, um die Suppe aus dem Topf in den Seiher zu gießen.

Weitere Küchengeräte Küchenmaschine oder Mixer nehmen Ihnen jede Menge Arbeit ab: Gemüse hacken, Teig vermengen, gekochte Zutaten pürieren. Eine kleine Küchenmaschine oder eine größere mit einer kleinen Innenschüssel sind ideal, um Gewürze oder kleine Mengen von Kräutern oder Nüssen zu mischen. Mit einem Elektro-Handrührgerät lassen sich Saucen noch im Topf leicht vermengen und pürieren, auch wenn das Ergebnis dann nicht immer ganz so fein ist. Wer rustikale Saucen auf traditionelle Weise zubereiten möchte, kann einen großen robusten Stößel und einen Mörser verwenden.

Techniken

Saucen binden Es gibt viele Möglichkeiten, eine Sauce zu binden. Manchmal geschieht dies bereits im ersten Schritt des Rezeptes, wie bei der Mehlschwitze. Wenn Zutaten wie Eigelb, Sahne oder Butter zugegeben werden, ist das Binden meist der letzte Schritt. Sie sollten auf jeden Fall vermeiden, die Sauce zu stark zu binden. Eine Sauce, die durch Mehl oder Speisestärke klumpig geworden ist, kann ein ganzes Essen verderben. Die Faustregel lautet: Eine Sauce ist dick genug, wenn Sie den Rücken eines Holzlöffels dünn bedeckt. Lassen Sie die Sauce etwas abkühlen, streichen Sie dann mit einem Finger am Holzlöffel entlang – eine saubere Spur sollte jetzt sichtbar werden.

Mehlschwitze (Roux) Eine Mischung aus Butter und Mehl, kurz erhitzt, bevor die Flüssigkeit zugegeben wird, beispielsweise in der Béchamelsauce (siehe Seite 16). Erhitzt man die Mischung etwas länger, bildet sie die Grundlage für die Sauce Velouté (siehe Seite 80). Noch länger gebräunt, ist die Mehlschwitze die Basis für braune Saucen (siehe Seite 30).

Mehlbutter (Beurre manié) Wie bei der Mehlschwitze eine Mischung aus Butter und Mehl, allerdings wird beides zuvor in einer Schüssel zu einem Kloß verknetet und dann in die gekochte Sauce gerührt, bis diese gebunden ist. Mehlbutter eignet sich hervorragend zum Binden von zu dünn geratenen Saucen, auch ein Eintopf oder eine Kasserolle können damit eingedickt werden, wenn die Konsistenz zu flüssig ist. Verwenden Sie je 15 g weiche Butter und Mehl für bis zu 600 ml Flüssigkeit.

Speisestärke Bevor Sie Speisestärke zur Sauce geben, muss diese mit etwas kaltem Wasser, Brühe oder Bratensaft angerührt werden. In traditionellen Saucen wird Speisestärke eher selten verwendet, bei asiatischen Saucen wird sie hingegen bisweilen gebraucht.

Eigelb und Sahne Beide Zutaten reichern eine dünne Sauce an und verleihen ihr zusätzlichen Geschmack; vor allem dann, wenn die Grundlage eine Brühe ist. Verrühren Sie zwei Eigelb mit 150 ml Schlagsahne und geben Sie

eine Schöpfkelle von der heißen (nicht kochenden) Sauce hinzu. Die Mischung in die Sauce gießen und bei schwacher Hitze so lange rühren, bis die gewünschte Konsistenz erreicht ist.

Kalte Butter Wenn Sie stückchenweise leicht gekühlte Butter in die fertige Sauce rühren, dickt diese etwas ein, bekommt einen feinen Geschmack und ein glänzendes Aussehen.

Reduzieren Dünne Saucen oder Brühen können durch Einkochen reduziert werden, soweit sie weder Eier oder Joghurt noch andere Zutaten enthalten, die leicht gerinnen. Um eine Brühe zu reduzieren, entfernen Sie zuvor unbedingt die Knochen. Die Kochzeit hängt von der Flüssigkeitsmenge ab, werfen Sie also ab und zu einen prüfenden Blick in den Topf. Schöpfen Sie falls nötig Schaum ab und würzen Sie eine Sauce erst, nachdem sie auf die gewünschte Menge reduziert ist.

Pürieren Einige Saucen, besonders Frucht- und Gemüsesaucen, kann man durch das Pürieren der Zutaten in der Küchenmaschine, mit dem Mixer oder dem Pürierstab binden.

Ein Bouquet garni (Sträußchen gemischte Kräuter) herstellen Wenn Sie unterschiedliche Kräuter zu einem Bouquet garni zusammenbinden, lassen sich diese nach dem Kochen leicht wieder aus der Sauce entfernen. Zu einem klassischen Bouquet garni gehören Lorbeerblätter, Thymianzweige und Petersilienstängel. Sie können in ein Stück Stangensellerie oder Porree eingewickelt und mit einem Faden zusammengebunden werden.

Tomaten enthäuten Legen Sie die Tomaten in eine Schüssel, gießen Sie kochendes Wasser darüber und lassen Sie sie 1–2 Minuten darin ziehen, bis die Haut aufreißt. Ziehen Sie dann die Haut ab und geben Sie die Tomaten zum Abtropfen in ein Sieb.

Eine klumpige Sauce retten Schlagen Sie die Sauce gut mit einem Schneebesen durch oder rühren Sie diese in einer Küchenmaschine oder mit dem Mixer durch, bis sie klümpchenfrei ist.

Rinderbrühe

Lassen Sie sich die Knochen einpacken, wenn Sie ein Stück Rindfleisch kaufen und bitten Sie den Fleischer, diese in kleine Stücke zu hacken. Statt Knochen können Sie auch billige Rindfleischstücke oder -reste verwenden, was jedoch etwas teurer ist. Backen Sie die Knochen für eine dunkle kräftige Brühe zuvor 45 Minuten im vorgeheizten Backofen bei 200 °C (Gas Stufe 6).

Vorbereitungszeit: 10 Minuten
Garzeit: 3 Stunden
Ergibt etwa 1 Liter

750 g Rinderknochen
1 große Zwiebel, ungeschält und geviertelt
1 große Möhre, grob zerkleinert
2 Selleriestangen, grob zerkleinert
1 Sträußchen gemischte Kräuter
1 TL schwarze Pfefferkörner
1,8 l kaltes Wasser

1 Die Knochen mit Zwiebel, Möhre, Sellerie, dem Sträußchen gemischter Kräuter und Pfefferkörnern in einen großen Topf geben. Das kalte Wasser zugießen und langsam aufkochen lassen.

2 Hitze reduzieren, die Brühe 3 Stunden leicht köcheln lassen und falls nötig hin und wieder den Schaum abschöpfen.

3 Die Brühe durch ein großes, möglichst konisches Sieb abgießen und anschließend abkühlen lassen. Den Saft nicht aus dem Gemüse pressen, da die Brühe sonst trüb wird.

4 Brühe vollständig abkühlen lassen, dann in den Kühlschrank stellen. Vor der Verwendung die Fettschicht abschöpfen.

Variation: Wegen ihres typischen Geschmacks ist Lammbrühe nicht so vielseitig zu verwenden wie Rinder- und Hühnerbrühe. Haben Sie jedoch einige Knochen vom Lamm übrig, lohnt es sich, speziell für Gerichte mit Lammfleisch Brühe zu kochen. Garen Sie die Knochen zuerst im Backofen und gehen Sie dann wie bei der Rinderbrühe vor. Lammbrühe braucht nur 1½ Stunden zu köcheln.

Rinderbrühe

Passt zu: Schweine- und Lammkoteletts, Entenbrust und Wild sowie zum Einrühren in Kasserollen und Bratensaucen

Hühnerbrühe Am besten schmeckt Hühnerbrühe, wenn sie aus rohen Hähnchenteilen wie Haut und Knochen zubereitet wird, die Sie auch beim Fleischer bekommen können. Auch aus den Resten Ihres Sonntagshuhns können Sie eine geschmackvolle Brühe zubereiten, die aber möglicherweise nicht ganz klar ist.

Vorbereitungszeit: 10 Minuten
Garzeit: 1½ Stunden
Ergibt etwa 1 Liter

Reste von 1 großen Huhn, mit Innereien, aber ohne Leber

1 Zwiebel, geviertelt

1 Selleriestange, grob zerkleinert

1 Sträußchen gemischte Kräuter oder 3 Lorbeerblätter

1 TL schwarze Pfefferkörner

1,8 l kaltes Wasser

1 Hühnerreste, Innereien, Zwiebel, Sellerie, Sträußchen gemischte Kräuter und Pfefferkörner in einen großen Topf geben, das kalte Wasser zugießen.

2 Bereiten Sie die Hühnerbrühe wie Rinderbrühe (siehe Seite 10) zu, lassen Sie diese aber nur 1½ Stunden köcheln.

Gemüsebrühe Sie können im Grunde jede Gemüsesorte verwenden, nur sollten die Zutaten sehr frisch sein. Zwiebeln sollten unbedingt zur Zubereitung verwendet werden. Stark riechende Gemüse wie Kohl oder stärkehaltige wie Kartoffeln trüben die Gemüsebrühe. Möchten Sie eine besonders dunkle Brühe, garen Sie die Zwiebel mit der Schale mit und geben Sie reichlich Pilze hinzu.

Vorbereitungszeit: 10 Minuten
Garzeit: 45 Minuten
Ergibt etwa 1 Liter

1 EL Sonnenblumenöl

2 Zwiebeln, grob gehackt

2 Möhren, grob gewürfelt

2 Selleriestangen, grob zerkleinert

500 g gemischtes Gemüse, z. B. Pastinaken, Fenchel, Porree, Zucchini, Pilze und Tomaten

1 Sträußchen gemischte Kräuter

1 TL schwarze Pfefferkörner

1,5 l kaltes Wasser

1 Das Öl in einem großen Topf erhitzen und das Gemüse darin 5 Minuten dünsten.

2 Kaltes Wasser zugeben und dann wie bei der Rinderbrühe verfahren (siehe Seite 10), jedoch nur 40 Minuten köcheln lassen.

Fischbrühe Fetthaltiger Fisch ist nicht geeignet, denn er macht eine Brühe zu fett und verleiht ihr einen recht strengen Geschmack. Fischbrühe benötigt eine geringere Kochzeit als Fleischbrühe. Um den Geschmack zu erhalten, sollten Sie Fischbrühe deswegen nicht zu lange köcheln.

Vorbereitungszeit: 5 Minuten
Garzeit: 25 Minuten
Ergibt etwa 1 Liter

25 g Butter
3 Schalotten, grob gehackt
1 kleine Porreestange, grob zerkleinert
1 Selleriestange oder 1 Stück Fenchel, grob gewürfelt
1 kg Karkassen von Weißfisch- oder Schalentieren
150 ml trockener Weißwein
einige Petersilienstängel
½ Zitrone, in Scheiben geschnitten
1 TL schwarze oder weiße Pfefferkörner
1 l kaltes Wasser

1 Die Butter in einem großen Topf zerlassen, das Gemüse zugeben und darin 5 Minuten andünsten, ohne dass es braun wird.

2 Karkassen, Wein, Petersilie, Zitronenscheiben, Pfefferkörner und kaltes Wasser dazugeben.

3 Verfahren Sie wie bei der Rinderbrühe auf Seite 10 beschrieben. Lassen Sie die Fischbrühe aber nur 20 Minuten köcheln.

Die Aufbewahrung von Brühe
Fleisch- und Hühnerbrühe halten sich im Kühlschrank bis zu vier Tagen frisch, Gemüsebrühe nur zwei Tage. Fischbrühe muss innerhalb von 24 Stunden verbraucht werden. Möchten Sie Brühen länger aufbewahren, frieren Sie diese in kleinen Behältern ein.

Klassische Saucen

Diese Rezepte stammen aus einer Zeit, als Saucen noch die Grundlage der traditionellen Küche waren, so etwa die Béchamelsauce, die in ihrer Grundform schon sehr köstlich ist und heute meist als Basis für ungezählte Variationen dient. Die feinste unter den Klassikern ist wohl die Sauce Hollandaise. Edel, samtig-weich und zart im Geschmack reicht man sie zu gedämpftem frischen Spargel oder Fisch.

Obwohl im Handel inzwischen hochwertige Mayonnaise angeboten wird, stellt es doch für jeden Koch – ob Anfänger oder Profi – eine Herausforderung dar, eine Mayonnaise selbst zu zaubern. Auch die braunen Saucen, die man heute gern durch leichtere mit neuen Aromen ersetzt, haben ihren festen Platz und sollen hier erwähnt werden.

Béchamelsauce Diese Sauce spielt bei so vielen Gerichten die entscheidende Rolle, dass ihr hier ein besonderer Platz gebührt. Man kann sie über Gemüse, das gratiniert werden soll, geben, Lasagneblätter damit bedecken oder sie einfach unter Pasta mengen. Mit unterschiedlichsten Gewürzen lässt sich Béchamelsauce beliebig abwandeln. Die hier angegebene Menge reicht als Beilage für vier Portionen.

Vorbereitungszeit: 10 Minuten, ohne Durchziehzeit
Garzeit: 10 Minuten
4 Portionen

300 ml Vollmilch
½ kleine Zwiebel
1 Lorbeerblatt
½ TL Pfefferkörner
3–4 Petersilienzweige
15 g Butter
15 g Mehl
frisch geriebene Muskatnuss
Salz und Pfeffer

1 Milch zusammen mit Zwiebel, Lorbeer, Pfefferkörnern und Petersilie in einen Topf geben und aufkochen lassen. Den Topf vom Herd nehmen und die Milch 20 Minuten durchziehen lassen. Die Milch anschließend durch ein Sieb in eine Schüssel gießen.

2 Butter in einem Topf erhitzen, bis sich Blasen bilden. Dann das Mehl hinzugeben und sofort unterrühren. Die Butter-Mehl-Mischung 1–2 Minuten erhitzen, dabei ständig mit einem Holzlöffel rühren, bis die Mehlschwitze eine hellgelbe Farbe hat.

3 Den Topf vom Herd nehmen. Nach und nach die warme Milch unterrühren. So lange rühren, bis die Sauce klümpchenfrei ist. Sauce anschließend erneut aufkochen lassen, dabei ständig weiterrühren.

4 Die Sauce unter Rühren bei schwacher Hitze weitere 5 Minuten köcheln, bis sie glänzend aussieht und den Rücken eines Löffels dünn bedeckt. Nach Geschmack mit Salz, Pfeffer und reichlich Muskat würzen.

Variation:

Käsesauce Diese cremig-zarte Käsesauce ist einfach und köstlich zugleich und eignet sich ideal, um Käsereste zu verbrauchen. In diesem Rezept bildet eine Mischung aus Cheddar und Parmesan die Grundlage, aber Sie können stattdessen auch Gruyère oder Stilton verwenden bzw. andere Käsesorten miteinander kombinieren.

Vorbereitungszeit: 10 Minuten
Garzeit: 10 Minuten
4 Portionen

300 ml Vollmilch

½ kleine Zwiebel

1 Lorbeerblatt

15 g Butter

15 g Mehl

1 TL grüne Pfefferkörner in Lake, abgespült und abgetropft

75 g reifer Cheddar-Käse, gerieben

15 g frisch geriebener Parmesan-Käse

frisch geriebene Muskatnuss

Salz

1 Gehen Sie vor wie bei der Béchamelsauce (Schritt 1, 2 und 3), lassen Sie aber Pfefferkörner und Petersilie weg.

2 Die grünen Pfefferkörner mit einem Stößel leicht zerdrücken. Zusammen mit dem Käse und der Muskatnuss in die Sauce geben. Bei mittlerer Hitze unter ständigem Rühren 5 Minuten zu einer glänzend-feinen Sauce köcheln. Gegebenenfalls nachwürzen und heiß servieren.

Kokosnuss-Koriander-Sauce

Diese Sauce basiert auf einer einfachen hellen Grundsauce, doch durch die Kokosmilch harmoniert sie hervorragend mit asiatischen Zutaten wie Koriander und Limone. Sie schmeckt gut zu gegrilltem Hähnchen oder Fisch.

Vorbereitungszeit: 10 Minuten, ohne Durchziehzeit
Garzeit: 10 Minuten
4 Portionen

400 ml Kokosmilch aus der Dose
25 g frisch geriebener Ingwer
2 Lorbeerblätter
15 g Butter
2 EL Mehl
fein geriebene Schale und Saft von 1 Limone
7 g gehackte Korianderblätter
2 TL feiner Zucker
Salz und Pfeffer

1 Kokosmilch mit Ingwer und Lorbeer in einen kleinen Topf geben und aufkochen lassen. Topf vom Herd nehmen und das Ganze 20 Minuten ziehen lassen. Kokosmilch durch ein Sieb in eine Schüssel gießen.

2 Verfahren Sie weiter wie auf Seite 16 in Schritt 2 und 3 bei der Béchamelsauce beschrieben.

3 Limonenschale und -saft, Koriander, Zucker und etwas Salz und Pfeffer unter die Sauce rühren. 3–5 Minuten kochen, bis sie die gewünschte dicke Konsistenz hat.

Feine Sauerampfersauce

Sauerampferblätter geben dieser cremig-hellen Sauce einen frischen Zitronen-Geschmack, der sehr gut zu Lamm-, Huhn- und Fischgerichten passt.

Vorbereitungszeit: 10 Minuten
Garzeit: 12 Minuten
4 Portionen

75 g Sauerampfer
40 g Butter
2 Schalotten, fein gehackt
2 EL Mehl
150 ml trockener Weißwein
150 ml Schlagsahne
frisch geriebene Muskatnuss
Salz und Pfeffer

1 Sauerampferblätter von den Stängeln pflücken und klein zupfen. 15 g von der Butter in einem Topf erhitzen und die Schalotten darin 3 Minuten dünsten. Sauerampfer zugeben und 2 Minuten mitdünsten, bis die Blätter zusammenfallen.

2 Restliche Butter in einem anderen Topf zerlassen, Mehl hineingeben und unter ständigem Rühren mit einem Holzlöffel 2 Minuten erhitzen.

3 Topf vom Herd nehmen und nach und nach Wein und Sahne unterrühren. Sauce aufkochen, Hitze reduzieren und die Schalotten-Sauerampfer-Mischung einrühren. Weitere 5 Minuten köcheln, bis die Sauce so dick ist, dass sie den Rücken eines Holzlöffels dünn bedeckt. Muskat einstreuen und mit Salz und Pfeffer würzen.

Wildpilzsauce Getrocknete Wildpilze haben einen intensiven, kräftigen Geschmack und schon eine Hand voll reicht, um das Aroma der Shiitake-Pilze in dieser Sauce zu verstärken. Sie können jede Sorte getrockneter Pilze verwenden, auch eine Mischung.

Vorbereitungszeit: 10 Minuten, ohne Einweichzeit
Garzeit: 12 Minuten
5–6 Portionen

15 g getrocknete Pilze
150 ml kochendes Wasser
25 g Butter
150 g Shiitake-Pilze, klein geschnitten
15 g Mehl
150 ml Vollmilch
2 EL Madeira oder Sherry
3 EL Crème double
Salz und Pfeffer

1 Getrocknete Pilze in eine kleine Schüssel geben und mit dem kochenden Wasser übergießen. 15 Minuten einweichen.

2 Die Hälfte der Butter in einem Topf zerlassen und die Shiitake-Pilze darin 5 Minuten dünsten. Restliche Butter zugeben und zerlassen. Mehl zugeben und unter Rühren 2 Minuten erhitzen.

3 Getrocknete Pilze und Einweichflüssigkeit in der Küchenmaschine fein zerkleinern. Nach und nach in die Mehlschwitze rühren, anschließend die Milch zugießen.

4 Sauce aufkochen, Hitze reduzieren und die Sauce 3–4 Minuten köcheln, bis sie so dick ist, dass sie den Rücken eines Holzlöffels dünn bedeckt. Madeira oder Sherry und Crème double einrühren, mit etwas Salz und Pfeffer würzen. Etwa 1 Minute erhitzen.

Sauce Soubise Dieser französische Klassiker verbindet zart sautierte Zwiebeln mit Sahne, Muskat und Béchamelsauce. Die kräftige Zwiebelsauce passt hervorragend zu gegrilltem Hähnchen, Gans, Perlhuhn oder Kalbskotelett. Sie kann sofort nach dem Kochen serviert oder mit einer Küchenmaschine noch feiner gemixt werden. Dann vor dem Servieren erneut erhitzen.

Vorbereitungszeit: 10 Minuten
Garzeit: 10 Minuten
5–6 Portionen

25 g Butter
2 große Zwiebeln, fein gehackt
1 Grundrezept Béchamelsauce (siehe Seite 16)
100 ml Crème double
frisch geriebene Muskatnuss
Salz und Pfeffer

1 Die Butter in einem Topf zerlassen, Zwiebeln zugeben und 6–8 Minuten bei mittlerer Hitze glasig dünsten, aber nicht braun werden lassen.

2 Die Béchamelsauce zugeben und reichlich geriebene Muskatnuss unterrühren. 2 Minuten erhitzen und mit Salz und Pfeffer würzen.

Petersiliensauce Mit frischer, duftender Petersilie zaubern sie aus dieser Sauce eine hervorragende Beilage zu Fisch oder Schinken. Kochen Sie dazu Schinken, können Sie den Fleischsaft gleich für die Brühe verwenden, vorausgesetzt, er ist nicht zu salzig.

Vorbereitungszeit: 10 Minuten
Garzeit: 5 Minuten
4 Portionen

15 g krausblättrige Petersilie

250 ml Fischbrühe (siehe Seite 13) oder Schinkenbrühe

25 g Butter

25 g Mehl

250 ml Milch

3 EL Schlagsahne

Salz und Pfeffer

1 Petersilienblätter von den Stängeln zupfen und mit der Hälfte der Brühe in das Rührgefäß einer Küchenmaschine geben. So lange mixen, bis die Petersilie fein zerkleinert ist.

2 Die Butter in einem Topf erhitzen, Mehl hinzugeben und sofort verrühren. Mehlschwitze unter ständigem Rühren mit einem Holzlöffel 2 Minuten erhitzen.

3 Topf vom Herd nehmen und nach und nach erst die Petersilienbrühe unterrühren, dann die restliche Brühe und die Milch. Sauce unter Rühren aufkochen und anschließend unter Rühren 5 Minuten köcheln. Die Sauce ist dick genug, wenn sie den Rücken eines Holzlöffels dünn bedeckt.

4 Sahne unterrühren und die Sauce mit etwas Salz und Pfeffer würzen (wenn Sie Schinkenbrühe verwenden, könnte die Sauce schon salzig genug sein). Sauce erhitzen.

Petersiliensauce

Passt zu: pochiertem oder gegrilltem Kabeljau oder Schellfisch, geräuchertem Weißfisch und Schinkensteaks

Mayonnaise Mayonnaise ist eine vielseitig verwendbare kalte Sauce. Schon pur schmeckt sie köstlich, sie kann aber auch die Basis für viele leckere Variationen bilden. Bereiten Sie Mayonnaise mit Sonnenblumen- oder leichtem Olivenöl zu: Vermeiden Sie kräftige Olivenöle, da ihr Aroma die anderen Zutaten überlagert. Am besten gelingt Mayonnaise mit frischen Bio-Eiern.

Vorbereitungszeit: 10 Minuten
6–8 Portionen

2 Eigelb
2 TL Dijonsenf
1–2 EL Weißweinessig
250 ml Öl
Salz und Pfeffer

1 Eigelb, Senf, 1 Esslöffel Essig und etwas Salz und Pfeffer in eine große Schüssel geben und mit einem Schneebesen verrühren.

2 Unter ständigem Rühren tropfenweise Öl hinzugeben, bis die Mayonnaise beginnt dick zu werden.

3 Portionsweise das restliche Öl in einem dünnen Strahl unterrühren, so lange rühren, bis eine glänzende dicke Mayonnaise entsteht. Das Öl nicht zu schnell einrühren, um die Gerinnung zu vermeiden. Beginnt die Mayonnaise zu gerinnen, 1 Esslöffel warmes Wasser unterrühren. Gerinnt sie völlig, ein weiteres Eigelb in einer anderen Schüssel aufschlagen und dann langsam in die Mayonnaise rühren.

4 Nach Geschmack würzen. Schmeckt die Mayonnaise fad, etwas zusätzlichen Essig unterarbeiten. Zugedeckt hält sich die Mayonnaise 2 Tage im Kühlschrank.

Mayonnaise auf die Schnelle: Eigelb, Senf, Essig, Salz und Pfeffer im Rührgefäß der Küchenmaschine vermengen. Unter Weiterrühren sehr langsam das Öl dazugeben, erst einige Tropfen, bis die Sauce dicklich wird, dann in einem dünnen Strahl. Wie oben würzen.

Variation:

Aïoli

Aïoli ist eine Mayonnaise, die großzügig mit Knoblauch gewürzt wird. Verwenden Sie frische saftige Knoblauchzehen oder zur Abwechslung geräucherten Knoblauch. Reichen Sie Aïoli zu mediterranen Fischsuppen (dazu passen geröstete Croûtons), gesalzenem Kabeljau, Röstkartoffeln oder als Dip zu Chips und Rohkost. Aïoli hält sich gut abgedeckt zwei Tage im Kühlschrank.

Vorbereitungszeit: 10 Minuten
6–8 Portionen

2 Eigelb

1 TL Dijonsenf

1–2 EL Zitronensaft

2 Knoblauchzehen, zerdrückt

1 gute Prise Cayennepfeffer

250 ml Sonnenblumen- oder leichtes Olivenöl

Salz

1 Eigelb, Senf, 1 Esslöffel Zitronensaft, Knoblauch, Cayenne und etwas Öl in eine große Rührschüssel geben und so lange rühren, bis die Zutaten eine homogene Masse bilden.

2 Verfahren Sie wie bei Schritt 2, 3 und 4 des Mayonnaise-Rezeptes (S. 22). Abdecken und bis zum Verzehr in den Kühlschrank stellen.

Sauce verte

Reichlich Kräuter wie Petersilie, Estragon und Spinatblätter geben dieser grünen Sauce die herrlich smaragdgrüne Farbe. Die Mayonnaise können Sie einige Tage zuvor zubereiten, rühren Sie die frischen Kräuter jedoch erst am Tag des Verzehrs unter. So behalten sie ihr frisches Aroma.

Vorbereitungszeit: 5 Minuten
6–8 Portionen

25 g glatte Petersilie

15 g Estragon

50 g junge Spinatblätter

2 Frühlingszwiebeln, geputzt und grob gehackt

1 Grundrezept Mayonnaise (siehe Seite 22)

Salz und Pfeffer

1 Petersilien-, Estragon- und Spinatblätter von den Stängeln zupfen. Blätter und Frühlingszwiebeln in der Küchenmaschine oder mit dem Mixer so fein hacken, dass ein dickes Mus entsteht. Restliche Kräuter von den Seiten der Schüssel kratzen.

2 3 Esslöffel Mayonnaise in die Paste rühren und alles gut vermengen. Restliche Mayonnaise zugeben und so lange mixen, bis alle Zutaten eine homogene Masse bilden. Nach Geschmack würzen und die fertige Sauce in eine Servierschüssel füllen.

Sauce Tartare mit grünen Pfefferkörnern

Grüne Pfefferkörner verleihen den klassischen Zutaten der Sauce Tartare das gewisse Extra. Sie schmeckt hervorragend zu weißem Fisch, insbesondere zu Fisch und Chips. Im Kühlschrank können Sie die Sauce drei Tage aufbewahren.

Vorbereitungszeit: 12 Minuten
5–8 Portionen

1 Grundrezept Mayonnaise (siehe Seite 22)

2 EL gehackte Petersilie oder Kerbel

4 kleine Gewürzgurken, fein gehackt

1 EL Kapern, abgespült, abgetropft und gehackt

6 grüne Oliven, entsteint und fein gehackt

2 TL grüne Pfefferkörner in Lake, abgetropft und leicht zerdrückt

Salz

1 Mayonnaise in eine Schüssel geben und die restlichen Zutaten unterrühren. So lange rühren, bis eine homogene Masse entsteht. Falls nötig, mit etwas Salz würzen. Bis zum Servieren zugedeckt kalt stellen.

Meeresfrüchte-Sauce

Mild gewürzt mit einem Hauch von Schärfe ist diese köstliche korallenrote Sauce die ideale Beilage für salzig-süße Schalentiere. Können Sie keine sonnengereifte Tomaten bekommen, verwenden Sie sonnengetrocknete Tomaten und fügen Sie 2 EL Tomatenmark hinzu, um einen süßlichen Geschmack zu erzielen.

Vorbereitungszeit: 12 Minuten
8 Portionen

100 g sonnengereifte Tomaten

1 Grundrezept Mayonnaise (siehe Seite 22)

4 EL Sauerrahm

1 EL Brandy

1 TL Tabasco

Salz

1 Tomaten in der Küchenmaschine oder mit dem Mixer fein hacken, Reste des Fruchtfleisches – falls nötig – von den Seiten des Rührgefäßes kratzen.

2 Mayonnaise, Sauerrahm, Brandy, Tabasco und etwas Salz dazugeben und so lange rühren, bis die Zutaten eine homogene Masse bilden. Alternativ können Sie die Tomaten mit dem Messer klein schneiden und dann mit den restlichen Zutaten in einer Schüssel vermengen.

3 Nach Geschmack weiteres Salz zugeben. Die Sauce in eine Servierschüssel füllen und zugedeckt bis zum Servieren kalt stellen.

Variationen: Statt Brandy können Sie die Sauce mit einem Spritzer Pernod oder Pastis abschmecken oder aber ganz auf die Zugabe von Alkohol verzichten. Für ein Thousand-Island-Dressing geben Sie 1 fein gehacktes hart gekochtes Ei, 12 fein gehackte grüne Oliven und 2 Esslöffel Schnittlauchröllchen hinzu.

Sauce Hollandaise

Die samtig-cremige Sauce gehört einfach zum Frühsommer: Sie vollendet frischen Spargel oder junge Kartoffeln genauso wie Brokkoli, gebratenen Fisch oder Eiergerichte. Die Zubereitung erfordert ein wenig Geduld und sie sollte erst eine halbe Stunde vor dem Essen gekocht werden.

Vorbereitungszeit: 10 Minuten
Garzeit: 10 Minuten
6 Portionen

2 EL Weißweinessig

1 Lorbeerblatt

½ TL schwarze Pfefferkörner

1 EL Wasser

3 Eigelb

200 g weiche ungesalzene Butter, gewürfelt

Salz und Pfeffer

1 Essig, Lorbeer, Pfefferkörner und Wasser in einen kleinen Topf mit schwerem Boden geben. Aufkochen und anschließend so lange köcheln, bis die Flüssigkeit auf die Hälfte reduziert ist.

2 Einen mittelgroßen Topf 5 cm hoch mit Wasser füllen. Wasser zum Köcheln bringen. Eigelb in eine hitzebeständige Schüssel geben und diese auf den Topf mit dem Wasser stellen. Die Schüssel darf nicht mit dem Wasser in Berührung kommen. Die Essigmischung hinzugießen und die Zutaten verrühren.

3 Einen Butterwürfel unterrühren. Sobald dieser geschmolzen ist, einen weiteren Butterwürfel unterrühren. So fortfahren, bis die gesamte Butter verbraucht ist und die Sauce die gewünschte Konsistenz hat. Mit etwas Salz abschmecken.

Tipp: Sauce Hollandaise hält sich etwa 30 Minuten frisch. Stellen Sie den Herd aus, doch lassen Sie die Schüssel abgedeckt im Topf stehen. Vor dem Servieren noch einmal leicht durchrühren, eventuell etwas Wasser zugeben, falls die Sauce zu dick geworden ist. Dann noch einmal kurz erwärmen.

Variation:

Sauce Hollandaise mit roter Paprika und Thymian

Die sahnige Sauce Hollandaise bekommt hier durch die Paste aus roter Paprika zusätzlich Süße, Geschmack und Farbe. Sie schmeckt besonders gut zu pochiertem Fisch und verfeinert Vorspeisen mit Meeresfrüchten.

Vorbereitungszeit: 15 Minuten
Garzeit: 15 Minuten
6 Portionen

250 g weiche Butter

1 große rote Paprika, entkernt und fein gehackt

einige Zweige frischer Thymian

1 EL Rot- oder Weißweinessig

3 Eigelb

Salz und Pfeffer

1 25 g Butter in einer Pfanne zerlassen. Restliche Butter in Würfel schneiden. Paprika und Thymian in die Pfanne geben und etwa 5 Minuten in der Butter weich dünsten. Ein Sieb auf eine Schüssel stellen, die Paprika-Mischung hineingeben und mit dem Rücken eines Metalllöffels durch das Sieb streichen.

2 Essig und Eigelb in eine Schüssel geben und die Sauce wie in Schritt 2 und 3 auf Seite 26 zubereiten. Erst die Butter, dann die Paprikapaste unterrühren. Mit Salz und Pfeffer würzen und servieren.

Sauce Hollandaise mit Kapern und Kräutern

Fein gehackte Kapern, Petersilie und Schnittlauch geben dieser Sauce einen frisch-würzigen Geschmack, ähnlich der Sauce Tartare. Mit anderen frischen Kräuter wie Basilikum, Kerbel, Fenchel und Dill harmoniert sie gut mit Fisch.

Vorbereitungszeit: 10 Minuten
Garzeit: 10 Minuten
6 Portionen

2 EL Kapern
2 EL fein gehackte glatte Petersilie
2 EL Schnittlauchröllchen
1–2 EL Zitronensaft
3 Eigelb
200 g Butter, gewürfelt
Salz und Pfeffer

1 Kapern abspülen und abtropfen lassen, mit Küchenpapier trocken tupfen. Fein hacken und mit den übrigen Kräutern mischen.

2 1 Esslöffel Zitronensaft und die Eigelb in eine Schüssel geben. Sauce zubereiten wie in Schritt 2 und 3 auf Seite 26 beschrieben. Gehackte Kapern und Kräuter mit den übrigen Butterwürfeln unterrühren. Mit Salz und Pfeffer würzen. Nach Belieben etwas Zitronensaft zugeben.

Sauce Béarnaise

Eine Sauce Hollandaise erhält durch Schalotten und Kräuter ein ganz besonderes Aroma. Sie schmeckt zu Gemüse, doch am besten reicht man sie zu gebratenem Rindfleisch, Lachs oder Kabeljausteaks.

Vorbereitungszeit: 15 Minuten
Garzeit: 10 Minuten
6 Portionen

15 g frischer Estragon
2 Schalotten, fein gehackt
3 EL Estragon- oder Weißweinessig
½ TL schwarze Pfefferkörner
1 EL Wasser
3 Eigelb
200 g weiche Butter, gewürfelt
Salz und Pfeffer

1 Estragonblätter von den Stängeln zupfen und hacken. Ein Viertel davon mit den Schalotten in einen kleinen Topf geben. Essig, Pfefferkörner und Wasser zugeben. Aufkochen lassen und anschließend so lange köcheln, bis die Flüssigkeit auf etwa 1 Esslöffel reduziert ist.

2 Weiter verfahren wie in Schritt 2 und 3 der Sauce Hollandaise (siehe Seite 26), mit den übrigen Butterwürfeln restlichen Estragon unterrühren. Mit Salz und Pfeffer nach Geschmack würzen und servieren.

Beurre blanc Diese helle Buttersauce wird ohne Eier hergestellt. Hier ähnelt sie der Sauce Hollandaise. Ihre buttrig-zarte Konsistenz passt hervorragend zu Fisch und Meeresfrüchten. Wenn Sie statt Weißwein und Weißweinessig Rotwein und Rotweinessig verwenden, erhalten Sie eine Beurre rouge, eine rote Buttersauce.

Vorbereitungszeit: 5 Minuten
Garzeit: 5 Minuten
4 Portionen

2 kleine Schalotten, fein gehackt
3 EL Weißweinessig
3 EL trockener Weißwein
2 EL Crème double
125 g gekühlte Butter, gewürfelt
Salz und Pfeffer

1 Schalotten, Essig und Wein in einen kleinen Topf mit schwerem Boden geben und die Flüssigkeit durch Köcheln auf etwa 2 Esslöffel reduzieren. Crème double unterrühren und etwas einkochen lassen.

2 Bei ganz schwacher Hitze die Butterwürfel nach und nach unterrühren, bis die Sauce eine samtig-weiche Konsistenz hat. (Ist die Mischung zu heiß, den Topf beiseite stellen und dann die Butter unterrühren.) Mit Salz und Pfeffer würzen und sofort servieren.

Variation: Rühren Sie für eine Beurre blanc mit Kräutern 2 Esslöffel gehackte Kräuter (z. B. Estragon, Kerbel oder Dill) unter.

Sauce Espagnole

Sehr dunkel und äußerst schmackhaft ist die Sauce Espagnole die klassische Beilage zu Fleisch und Wild. Grundlage der spanischen Sauce sind langsam köchelnde Brühen und eine arbeitsaufwändige Vorgehensweise. Hier finden Sie eine vereinfachte Version, die auf einer guten Rinderbrühe und sanftem Garen basiert.

Vorbereitungszeit: 15 Minuten
Garzeit: 1 Stunde
4–5 Portionen

25 g Butter

2 dünne Scheiben durchwachsener Speck, klein geschnitten

2 Schalotten, gehackt

1 Möhre, klein geschnitten

1 Selleriestange, klein geschnitten

50 g Pilze, klein geschnitten

2 EL Mehl

600 ml Rinderbrühe (siehe Seite 10)

1 Sträußchen gemischte Kräuter

2 EL Tomatenpüree

1 EL Sherry

Salz und Pfeffer

1 Die Butter in einem Topf erhitzen. Den Speck darin leicht bräunen, Gemüse zugeben und ebenfalls anbraten.

2 Mehl zugeben und 3 Minuten mit dem Holzlöffel unterrühren bzw. so lange, bis die Mehlschwitze eine dunkle Farbe hat. Topf vom Herd nehmen und die Rinderbrühe zugießen.

3 Topf wieder auf den Herd stellen und das Sträußchen gemischte Kräuter, Tomatenpüree und etwas Salz und Pfeffer zugeben. Aufkochen, dann leicht mit einem Deckel zugedeckt bei mittlerer Hitze etwa 45 Minuten köcheln, zwischendurch eventuell Schaum abschöpfen.

4 Die Sauce durch ein Sieb in einen sauberen Topf passieren, auch das Gemüse durch das Sieb streichen. Sherry einrühren und die Sauce wieder erhitzen. Wenn sie zu dick ist (der Rücken eines Holzlöffels sollte dünn mit der Sauce bedeckt sein), zusätzliches Wasser unterrühren. Eventuell nachwürzen und heiß servieren. Im Kühlschrank hält sich die Sauce etwa 4 Tage.

Variation:

Ingwer-Orangen-Sauce

Diese leichtere Version der traditionellen Sauce Espagnole erhält durch die Orangen eine gewisse Süße. Ergänzt mit frischem Ingwer verleiht sie Lammsteaks, Hähnchen- und Entenbrust eine pikante Note.

Vorbereitungszeit: 10 Minuten
Garzeit: 35 Minuten
4–5 Portionen

25 g frischer Ingwer, geschält
½ Bund Frühlingszwiebeln
25 g Butter
1 Selleriestange, klein geschnitten
2 EL Mehl
450 ml Hühner- oder Gemüsebrühe (siehe Seite 12)
fein geriebene Schale und Saft von 1 Orange
einige Thymianzweige
1 EL Sherry
Salz und Pfeffer

1 Den Ingwer sehr fein schneiden. Frühlingszwiebeln putzen und fein hacken, weiße und grüne Teile getrennt voneinander aufbewahren.

2 Die Butter in einem großen Topf erhitzen, Sellerie und weiße Teile der Frühlingszwiebeln hineingeben und etwa 3 Minuten dünsten. Mehl zugeben und unter Rühren 2 Minuten erhitzen, bis eine hellgelbe Mehlschwitze entsteht.

3 Topf vom Herd nehmen und nach und nach die Brühe unterrühren. Topf wieder auf den Herd stellen und Orangenschale und -saft zugeben. Aufkochen und dann zugedeckt 30 Minuten köcheln lassen.

4 Sauce fertig stellen wie in Schritt 4 der Sauce Espagnole auf Seite 31 beschrieben. Ingwer und grüne Frühlingszwiebelstücke unterrühren und die Sauce nochmals erhitzen.

Anchovis-Walnuss-Sauce

Die Kombination von salzigen Anchovis und scharf eingelegten Walnüssen bereichert Füllungen oder Pâtés, aber auch Saucen, die Sie zu Steaks reichen. Walnüsse in Gläsern erhalten Sie in gut sortierten Delikatessenläden.

Vorbereitungszeit: 3 Minuten
Garzeit: 5 Minuten
4–5 Portionen

3 eingelegte Walnüsse, abgetropft

6 Anchovis-Filets

1 Grundrezept Sauce Espagnole (siehe Seite 30)

3 EL gehackte Petersilie

Salz und Pfeffer

1 Walnüsse und Anchovis fein hacken.

2 Sauce, Walnüsse und Anchovis in einen Topf geben und unter ständigem Rühren 5 Minuten erhitzen.

3 Petersilie unterrühren und eventuell nachwürzen. Heiß servieren.

Speck-Zwiebel-Sauce

Reichen Sie diese eher deftige Sauce zu frisch gegartem Hähnchen oder geben Sie kleine Stücke gegartes Hähnchenfleisch hinein. Hervorragend passt die Sauce auch zu Wurst oder selbst gemachten Kräuter-Mettbällchen.

Vorbereitungszeit: 15 Minuten
Garzeit: 40 Minuten
6 Portionen

150 g geräucherter Speck

25 g Butter

1 EL Pflanzenöl

100 g Shiitake-Pilze, klein geschnitten

250 g ganze junge Zwiebeln, geschält

1 Grundrezept Sauce Espagnole (siehe Seite 30)

Salz und Pfeffer

2 EL grob gehackte glatte Petersilie zum Garnieren

1 Speck klein schneiden. Butter zusammen mit dem Öl in einer großen Bratpfanne erhitzen, Pilze zugeben und 3–4 Minuten anbraten. Mit einem Schaumlöffel herausnehmen. Speck und Zwiebeln in die Pfanne geben und in 5 Minuten bräunen, dabei ständig mit einem Holzlöffel umrühren.

2 Sauce Espagnole zugeben und aufkochen, anschließend etwa 25 Minuten bei schwacher Hitze köcheln bzw. so lange, bis die Zwiebeln gar sind.

3 Pilze zur Sauce geben und weitere 5 Minuten köcheln. Mit Salz und Pfeffer abschmecken und vor dem Servieren mit Petersilie bestreuen.

Sauce Chasseur Diese köstliche Jägersauce, eine Variation der Sauce Espagnole, ist schnell gemacht. Soll sie zu Rind serviert werden, verwenden Sie Rinderbrühe, suchen Sie etwas zu Hähnchen, eignet sich die leichtere Hühnerbrühe.

Vorbereitungszeit: 10 Minuten
Garzeit: 25 Minuten
4 Portionen

40 g Butter

200 g junge kleine Champignons, in dünne Scheiben geschnitten

2 Schalotten, fein gehackt

2 TL Mehl

150 ml trockener Weißwein

300 ml Rinder- oder Hühnerbrühe (siehe Seite 10 und 12)

2 EL fein gehackter Kerbel oder Estragon

1 EL Brandy (nach Belieben)

Salz und Pfeffer

1 Die Butter in einem großen Topf erhitzen, Pilze und Schalotten dazugeben und in 5 Minuten leicht bräunen. Pilze mit einem Schaumlöffel herausnehmen, die kleinen Zwiebelstücke können im Topf bleiben.

2 Mehl zugeben und unter Rühren in 2 Minuten eine dunkle Mehlschwitze zubereiten. Topf vom Herd nehmen und nach und nach den Wein, dann die Brühe unterrühren.

3 Topf wieder auf den Herd stellen, aufkochen, anschließend die Sauce 15 Minuten köcheln, bis sie ausreichend eingedickt ist. Pilze, Kerbel oder Estragon und evtl. Brandy unterrühren. Mit Salz und Pfeffer nach Geschmack würzen. Heiß servieren.

Frische Kräuterbutter Großzügig gewürzte Butter ist köstlich und gehört zu den besten und einfachsten kalten Saucen. Unwiderstehlich ist geschmolzene Kräuterbutter auf gegrilltem, gebackenem oder gebratenem Fleisch oder auf Fisch. Sie ist leicht im Voraus zuzubereiten und kann eingefroren werden. Sie bereichert heißes Gemüse, Bohnen- und Linsensuppen oder heißen Buttertoast.

Vorbereitungszeit: 3 Minuten, ohne Kühlzeit
4–6 Portionen

100 g weiche Butter
¼ TL Salz
2 EL fein gehackte Petersilie
2 EL feine Schnittlauchröllchen
2 TL Zitronensaft
Pfeffer

1 Butter, Salz, Petersilie, Schnittlauch, Zitronensaft und etwas Pfeffer in eine Schüssel geben.

2 Die Zutaten mit einem Holzlöffel zu einer homogenen Masse verrühren.

3 Wollen Sie die Kräuterbutter gleich verwenden, formen Sie daraus eine Rolle. Im Kühlschrank hält sie sich 2 Tage, tiefgefroren mehrere Wochen. Es lohnt sich, gleich mehr davon zuzubereiten, wenn man viele frische Kräuter hat. Für eine Rolle geben Sie die Butter auf ein Stück Pergamentpapier und formen dann mit Hilfe des Papiers eine etwa 3 mm dicke Rolle.

4 Kühlen Sie die Butter oder frieren Sie diese ein. Tiefgefrorene Butter vor dem Verzehr 20–30 Minuten auftauen lassen.

Variation:

Paprika-Butter mit Serrano-Schinken

Mit ihren warmen Gewürzen erinnert diese farbenfrohe Butter an spanische Aromen. Sie harmoniert zu Hähnchen, Schwein und Kaninchen. Verwenden Sie eine scharfe Spitzpaprika, ihr Geschmack ist kräftiger und weniger wässrig als der gewöhnlicher Schoten.

Vorbereitungszeit: 5 Minuten
5–6 Portionen

½ rote Spitzpaprika, entkernt
50 g Serrano-Schinken, klein gewürfelt
1 TL Paprikapulver
100 g weiche Butter
¼ TL Meersalz

1 Paprika so klein wie möglich würfeln und mit Schinken, Paprikapulver, Butter und Salz in eine Schüssel geben.

2 Bereiten Sie die Butter wie die Kräuterbutter (siehe Seite 34, Schritt 2 und 3) zu. Stellen Sie diese mindestens 30 Minuten vor dem Verzehr zum Durchziehen in den Kühlschrank.

Meerrettichbutter Frischer Meerrettich ist nicht überall erhältlich, doch ein Glas scharfer, geriebener Meerrettich ist eine gute Alternative. Meerrettichbutter schmeckt besonders gut zu weißem fetthaltigem Fisch, Steaks und Gemüse. Bewahren Sie die Butter auf, sollten Sie beim Servieren beachten, dass sich ihr Geschmack mit der Zeit intensiviert.

Vorbereitungszeit: 5 Minuten
4–6 Portionen

100 g weiche Butter

¼ TL Meersalz

1 EL fein geriebener frischer Meerrettich

2 EL Crème fraîche

1 Butter, Salz und Meerrettich in eine kleine Schüssel geben und mit einem Holzlöffel so lange rühren, bis eine homogene Masse entsteht. Crème fraîche untermengen.

2 Wenn Sie die Meerrettichbutter nicht sofort verwenden möchten, verfahren Sie wie auf Seite 34 in Schritt 2 und 3 beschrieben.

Garnelenbutter Diese sahnig-zarte Butter hat fast die Konsistenz einer Mousse. Reichen Sie dazu Weißfisch oder Hähnchen oder streichen Sie die Garnelenbutter auf dicke Scheiben heißen Toasts.

Vorbereitungszeit: 5 Minuten
6 Portionen

250 g geschälte Garnelen, entdarmt und abgetropft, falls tiefgekühlt

¼ TL Cayennepfeffer

100 g weiche Butter

1 TL Paste aus sonnengetrockneten Tomaten

1 Garnelen und Cayenne mit der Küchenmaschine fein zerkleinern. Butter und Tomatenpaste zugeben und so lange mixen, bis ein feines Mus entsteht. Reste von den Seiten des Gefäßes kratzen.

2 Wollen Sie die Garnelenbutter nicht sofort verwenden, verfahren Sie wie auf Seite 34 in Schritt 2 und 3 beschrieben.

Chilibutter Als eine der vielseitigsten kalten Saucen überhaupt passt Chilibutter hervorragend zu einfachen Fisch-, Geflügel- oder Grillfleischgerichten. Doch auch zu Wurzelgemüse oder neuen Kartoffeln schmeckt sie hervorragend. Sie kann eingefroren werden und dann unter Pasta-Gerichte, Suppen und Gemüseeintöpfe gerührt werden. Auch ein einfaches Risotto gewinnt an Geschmack.

Vorbereitungszeit: 10 Minuten, ohne Kühlzeit
4–6 Portionen

2 TL Kreuzkümmelsamen

1 TL Koriandersamen

1 rote Chili, entkernt und fein gehackt

2 Frühlingszwiebeln, geputzt und fein gehackt

1 große Knoblauchzehe, zerdrückt

100 g weiche Butter

¼ TL Meersalz

2 EL fein gehackte Petersilie oder Koriander

1 Kreuzkümmel- und Koriandersamen in eine kleine Pfanne geben und etwa 1 Minute erhitzen, bis sie sich leicht dunkel färben. Mit einem Stößel zerkleinern.

2 Kreuzkümmel und Koriander in eine Schüssel geben, Chili, Zwiebeln, Knoblauch, Butter, Salz und Petersilie oder Koriander zugeben.

3 Fahren Sie wie auf Seite 34 in Schritt 2 und 3 bei der Kräuterbutter beschrieben fort. Butter vor dem Verzehr mindestens 30 Minuten kalt stellen.

Saucen zu Gemüse

Die Saucen in diesem Kapitel sind nicht nur etwas für Vegetarier, sondern eine schmackhafte Beilage zu Gemüsegerichten, die in unserer Ernährung eine immer wichtigere Rolle spielen. Hier finden Sie Tipps, wie Sie etwa mit einer aromatischen Sauce Gribiche, schonend gedämpftem Gemüse mehr Raffinesse verleihen. Rohes junges Gemüse als Vorspeise, das Sie mit einer Salsa Verde servieren, besticht durch die herrlichen Aromen von Knoblauch, Kapern und Anchovis. Mittelpunkt der folgenden Rezeptideen sind schmackhafte Zutaten mit viel Farbe und Struktur, die nicht nur zu Gemüse passen– viele harmonieren auch hervorragend mit Käse, Eiern, Fleisch und Fisch.

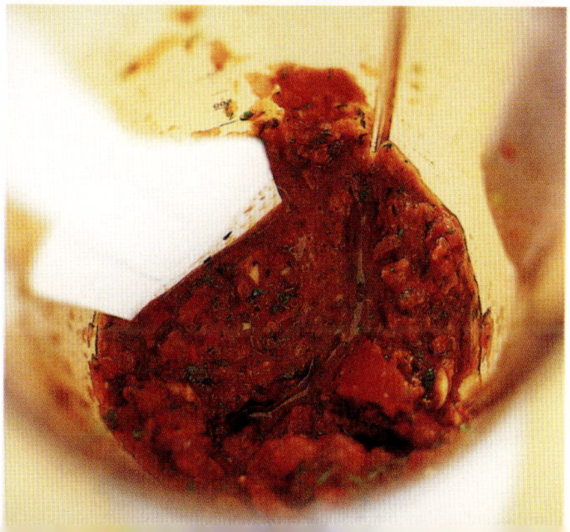

Sauce Gribiche

Wie bei der Mayonnaise mengt man auch bei der Sauce Gribiche Öl unter Eier. In diesem Fall wird hart gekochtes Eigelb verwendet, was der Sauce einen kräftigen Geschmack verleiht. Die Gribiche schmeckt köstlich zu heißem oder kaltem Gemüse, besonders zu Spargel. Die Eigelb-Öl-Mischung können Sie im Voraus erstellen, die Sauce selbst bereiten Sie kurz vor dem Essen zu.

Vorbereitungszeit: 15 Minuten
4 Portionen

4 hart gekochte Eigelb

1 TL Dijonsenf

200 ml leichtes Olivenöl

1–2 EL Weißweinessig

2 EL Kapern, abgespült und grob gehackt

2 EL Schnittlauchröllchen

1 hart gekochtes Eiweiß, gehackt (nach Belieben)

Salz und Pfeffer

einige Schnittlauchröllchen oder -blüten zum Garnieren

1 Eigelb, Senf und etwas Salz und Pfeffer mit einem Stößel zerkleinern, alternativ mit Küchenmaschine oder Mixer.

2 Etwas Öl hineinträufeln, nochmals gut verrühren. Weiteres Öl (knapp 100 ml) unterarbeiten, so lange rühren, bis eine dicke homogene Masse entsteht. 1 Esslöffel Essig zugeben.

3 Nach und nach restliches Öl unterschlagen. (Arbeiten Sie das Öl nicht zu schnell unter, die Masse könnte ansonsten gerinnen.)

4 Die Sauce in eine Schüssel oder einen Rührbecher geben. Kapern und Schnittlauch untermengen. Noch ein wenig Essig unterrühren, dann evtl. mit Salz und Pfeffer würzen.

5 Die Sauce auf das Gemüse geben, nach belieben mit Eiweiß bestreuen und mit Schnittlauch garnieren.

Sauce Gribiche

Passt zu: gedämpftem oder gebackenem Spargel, Brokkoli, Blumenkohl, Zucchini und Bohnen; köstlich auch zu Schinken, Lachs oder Forelle

Salsa verde

In dieser kräftigen, schmackhaften Sauce stecken so aromatische Zutaten wie frische Kräuter, Oliven, Kapern und Anchovis, die im Sommer als Dip oder Sauce perfekt zu gekochtem oder rohem Gemüse passen. Vor dem Servieren gut verpackt bis zu acht Stunden in den Kühlschrank stellen.

Vorbereitungszeit: 5 Minuten, ohne Kühlzeit
6 Portionen

25 g glatte Petersilie

15 g gemischte Kräuter, z. B. Basilikum, Schnittlauch und Minze

2 Knoblauchzehen, grob gehackt

15 g grüne Oliven, entsteint

1 EL Kapern, abgespült

2 TL grobkörniger Senf

3 Anchovis-Filets

3–4 TL Zitronensaft

125 ml extra natives Olivenöl

Salz und Pfeffer

1 Die Kräuter zerkleinern, die Stängel dabei nicht entfernen. Die Kräuter zusammen mit Knoblauch, Oliven, Kapern, Senf und Anchovis in das Rührgefäß der Küchenmaschine geben, 3 Teelöffel Zitronensaft zugeben.

2 Die Zutaten fein zerkleinern. Nach und nach das Öl unterarbeiten. Die grobe Sauce mit Salz und Pfeffer würzen, nach Belieben noch etwas Zitronensaft zugeben. Salsa verde in eine kleine Schüssel geben und bis zum Servieren kühl stellen.

Kichererbsen-Chili-Sauce

Die Kombination aus Joghurt und Gewürzen erinnert in dieser unkonventionellen Sauce an den Geschmack nordafrikanischer Gerichte. Sie passt besonders gut zu Sommermenüs, ob vegetarisch oder mit Fleisch bzw. Fisch. Ihre Konsistenz ist glatt und dick, Sie können Sie jedoch auch gröber mixen.

Vorbereitungszeit: 10 Minuten
Garzeit: 2 Minuten
6 Portionen

3 EL Sonnenblumenöl

2 EL Walnussöl

2 TL Kreuzkümmelsamen, leicht zerdrückt

½ TL zerdrückte getrocknete Chilis

400 g Kichererbsen aus der Dose, abgespült und abgetropft

2 EL Tahini (Sesampaste)

1 große Knoblauchzehe, grob gehackt

2 Frühlingszwiebeln, grob gehackt

150 ml Naturjoghurt

3–4 EL Milch

Salz

1 Beide Ölsorten in einer kleinen Pfanne erhitzen und Kreuzkümmel und Chilis darin 2 Minuten dünsten. Pfanne vom Herd nehmen.

2 Kichererbsen, Sesampaste, Knoblauch und Frühlingszwiebeln in das Rührgefäß der Küchenmaschine geben, Öl und Gewürze zugeben. Alle Zutaten grob zerkleinern, eventuell Reste von den Seiten des Gefäßes kratzen.

3 Joghurt, Milch und etwas Salz unterarbeiten, eventuell zusätzliche Milch unterrühren, bis die Konsistenz der Sauce fein genug ist. Kalt servieren oder vorher leicht erhitzen. Die Sauce nicht zu stark erhitzen, da der Joghurt gerinnen könnte.

Fenchel-Mascarpone-Sauce

In Butter sautierter Fenchel und zerlaufener Mascarpone ergeben eine wunderbare Kombination, die ein schlichtes Gemüsegratin oder Eiergerichte verfeinern. Mascarpone darf nicht zu stark erhitzt werden, dann verliert er seine cremig-zarte Konsistenz.

Vorbereitungszeit: 10 Minuten
Garzeit: 10 Minuten
4 Portionen

1 kleine Fenchelknolle
25 g Butter
1 kleine Zwiebel, fein gehackt
1 EL Zitronensaft
150 ml Gemüsebrühe (siehe Seite 12)
200 g Mascarpone
Salz und Pfeffer

1 Fenchelknolle putzen, klein schneiden. Fenchelgrün aufbewahren. Butter in einem Topf zerlassen, Fenchel und Zwiebel hineingeben und unter ständigem Rühren 6–8 Minuten weich sautieren.

2 Zitronensaft, Brühe, Mascarpone und etwas Salz und Pfeffer zugeben und so lange köcheln, bis der Mascarpone zerlaufen ist und die Sauce heiß genug ist. Eventuell nachwürzen und das klein gehackte Fenchelgrün unterrühren. Heiß servieren.

Scharfe Harissa-Sauce

Schnell und leicht zuzubereiten und überaus geschmackvoll, vor allem, wenn sie unter sautiertes Gemüse oder Bohnen gerührt wird. Harissa-Sauce ergibt aber auch eine wunderbaren Beilage für Couscous, in kleineren Mengen hebt sie Suppen oder Eintöpfe. Gut verpackt hält sich die Sauce bis zu fünf Tage im Kühlschrank.

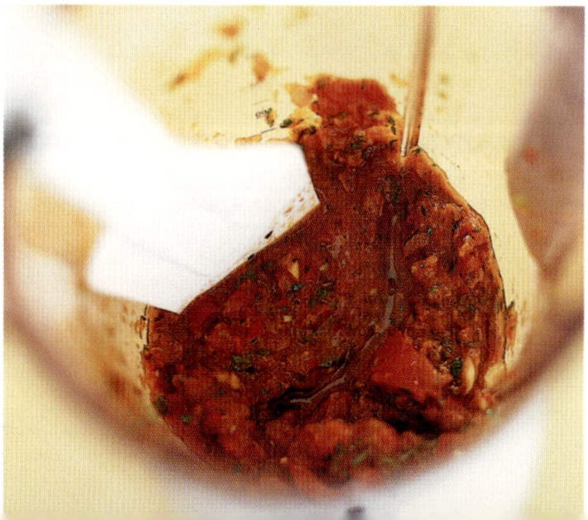

Vorbereitungszeit: 10 Minuten, ohne Kühlzeit
Garzeit: 5 Minuten
4–6 Portionen

1 EL Koriandersamen

1 TL Kümmelsamen

3 EL leichtes Olivenöl

1 rote Paprika, entkernt und grob gehackt

1 kleine rote Zwiebel, grob gehackt

1 kleine rote Chili, entkernt und grob gehackt

3 Knoblauchzehen, gehackt

4 EL Korianderblätter, klein gezupft

½ TL Selleriesalz

150 ml passierte Tomaten

1 Koriander- und Kümmelsamen mit dem Stößel leicht zerkleinern. Alternativ die Samen in eine Schüssel geben und mit dem Ende des Nudelholzes leicht zerdrücken.

2 Zerdrückte Samen in eine kleine Pfanne geben und Olivenöl, rote Paprika und Zwiebel hinzugeben. Das Gemüse in 5 Minuten weich dünsten.

3 Die Mischung in das Rührgefäß der Küchenmaschine geben. Chili, Knoblauch, Koriander, Salz und passierte Tomaten hinzufügen.

4 So lange mixen, bis die Sauce eine glatte Konsistenz hat, eventuell Reste vom Rand kratzen. In eine Servierschüssel füllen und mit Frischhaltefolie abdecken. Bis zum Servieren kalt stellen.

Scharfe Harissa-Sauce

Passt zu: Couscous und gemischten Gemüseeintöpfen, auch als Belag für gegrillte Tomaten, Lamm, Hähnchen oder Fisch

Scharf-saure Chilisauce

Tamarinden sind die Früchte des asiatischen Tamarindenbaums. Bei uns ist das Mark der Früchte als Paste erhältlich. Das leicht süß-säuerliche Aroma macht sehr scharfe Saucen etwas milder.

Vorbereitungszeit: 10 Minuten
Garzeit: 15 Minuten
4 Portionen

1 Zitronengrasstängel
1 EL Sonnenblumenöl
3 Schalotten, fein gehackt
1 Stück frische Ingwerwurzel (etwa 3 cm), geschält und fein gehackt
150 ml Gemüsebrühe (siehe Seite 12)
¼ TL zerdrückte getrocknete Chilis
2 EL Tamarindenpaste
Saft von ½ Limone
2 EL dunkler Muscovado-Zucker
Salz

1 Die Enden des Zitronengrases abschneiden, dann die Stängel so fein wie möglich hacken. Öl in einer Pfanne erhitzen und Schalotten, Ingwer und Zitronengras darin 3 Minuten weich dünsten, aber nicht braun werden lassen.

2 Brühe zugeben, getrocknete Chilis, Tamarindenmus, Limonensaft, Zucker und etwas Salz unterrühren.

3 Sauce aufkochen, dann bei mittlerer Hitze in etwa 10 Minuten leicht einkochen. Heiß servieren.

Pikante Gazpacho-Sauce

Angelehnt an Gazpacho, die klassische spanische Suppe, bereiten wir hier diese köstliche erfrischende Sommersauce zu. Ein leichter Genuss, der innerhalb von wenigen Minuten auf den Tisch gebracht ist.

Vorbereitungszeit: 10 Minuten
Garzeit: 5 Minuten
6 Portionen

500 g reife Tomaten
¼ Salatgurke, geschält und in Scheiben geschnitten
1 kleine rote Paprikaschote, entkernt und grob zerkleinert
2 Selleriestangen, grob zerkleinert
1 kleine Hand voll Korianderblätter
2 TL Zitronensaft
1 EL sonnengetrocknete Tomatenpaste
1 TL Chiliöl
Salz

1 Die Tomaten häuten (siehe Seite 9) und das Fruchtfleisch anschließend grob hacken.

2 Tomaten in einen Topf geben und bei schwacher Hitze aufkochen, dabei das Fruchtfleisch mit einem Holzlöffel etwas zerdrücken. Etwa 5 Minuten kochen, bis fast der gesamte Saft verdampft ist und eine dickliche Masse entsteht.

3 Tomaten und restliche Zutaten in das Rührgefäß der Küchenmaschine geben. Zu einem glatten Mus verarbeiten, eventuell Reste von den Seiten des Gefäßes kratzen. Nach Geschmack würzen. Abkühlen lassen oder in einen Topf geben und erhitzen, wenn die Sauce warm serviert werden soll.

Pikante Frucht-Nuss-Sauce

Diese gemixte Sauce vereinigt aromatische Samen mit Nüssen und getrockneten Früchten. Das köstliche Ergebnis: eine süß-pikante Sauce mit einem leicht nordafrikanischen Geschmack. Perfekt zu Gemüse, das auf dem Holzkohlegrill gegart wurde, und zu Couscous. Sie können diese Sauce im Voraus zubereiten und über Nacht kalt stellen.

Vorbereitungszeit: 10 Minuten
Garzeit: 2 Minuten
4–5 Portionen

2 TL Kardamomkapseln
2 TL Koriandersamen
½ TL getrocknete Chiliflocken
15 g gehackte Mandeln
15 g Pistazien, ohne Schale
75 g Backpflaumen, entsteint
50 g getrocknete Aprikosen, entsteint
250 ml Gemüsebrühe (siehe Seite 12)
Salz

1 Kardamom mit einem Stößel zerdrücken, Samen herausnehmen und Schalen entfernen. Koriandersamen und Chiliflocken zugeben und alles sehr fein zerdrücken.

2 Gewürze in das Rührgefäß der Küchenmaschine geben, Nüsse und Trockenobst zugeben und so lange verarbeiten, bis ein dickliches Mus entsteht. Eventuell Reste von den Seiten des Gefäßes kratzen.

3 Brühe zugießen, etwas Salz hineingeben und das Ganze zu einer glatten Sauce vermengen. Sauce in einen kleinen Topf geben und 2–3 Minuten erhitzen. Warm servieren.

Saucen zu Pasta

Wohl zu den einfachsten Saucen überhaupt gehören die Pastasaucen, die deswegen so beliebt sind, weil sie uns erlauben, in kürzester Zeit köstliche Mahlzeiten zu zaubern. Es gibt eine so große Zahl von Saucen, dass es unmöglich ist, sie in diesem Buch auch nur annähernd alle vorzustellen. Wir zeigen Ihnen unter anderem, wie Sie eine Ziegenkäse-Pinienkern-Sauce, eine frische Tomatensauce oder eine wirkliche Sauce Bolognese zubereiten. Pastasaucen schmecken das ganze Jahr über: sie können leicht und gesund sein oder kräftig und recht schwer – ganz wie Sie es gerade mögen!

Sauce Puttanesca Diese kräftige italienische Tomatensauce besticht durch zahlreiche Aromen: schwarze Oliven, Anchovis und Chilis. Dick in der Konsistenz und reich gewürzt schmeckt sie hervorragend zu allen Pastasorten, vor allem zu Spaghetti – auch wenn es einmal schnell gehen soll. Wer mag, streut frisch geriebenen Parmesan-Käse darüber.

Vorbereitungszeit: 15 Minuten
Garzeit: 15 Minuten
4 Portionen

4 EL Olivenöl

1 Zwiebel, fein gehackt

3 Knoblauchzehen, zerdrückt

1 kleine rote Chili, entkernt und fein gehackt

6 Anchovis-Filets, klein geschnitten

2 Dosen (je 400 g) gehackte Tomaten

½ TL feiner Zucker

75 g schwarze Oliven, entkernt und fein gehackt

1 kleine Hand voll Basilikumblätter

2 EL Kapern, abgespült und abgetropft

Salz

frisch geriebener Parmesan-Käse zum Servieren (nach Belieben)

1 Das Öl in einem Topf erhitzen. Zwiebel hineingeben und in 3–4 Minuten weich dünsten. Knoblauch und Chili zugeben und 1 Minute mitdünsten.

2 Anchovis, Tomaten, Zucker und Oliven unterrühren und aufkochen lassen. Bei schwacher Hitze anschließend 10 Minuten köcheln, bis die Sauce eine dicke Konsistenz hat.

3 Basilikum, Kapern und etwas Salz untermengen und die Sauce 1 Minute erhitzen. Heiß servieren und nach Belieben mit Parmesan bestreuen.

Sauce Puttanesca

Passt zu: allen Pastasorten, Hähnchen, Fisch oder gebratenem Gemüse

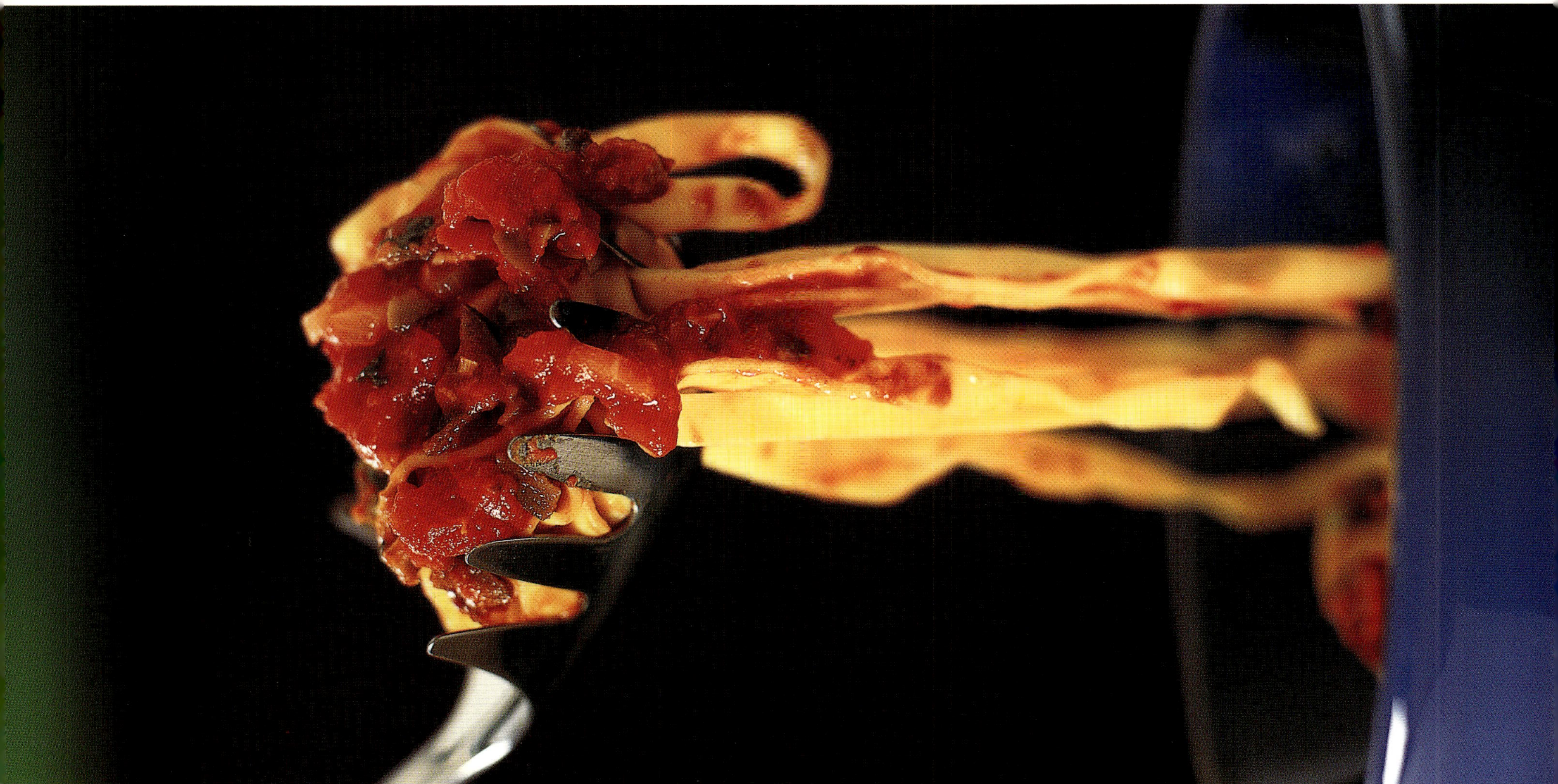

Sauce Bolognese

Pikante italienische Wurst und Rinderhackfleisch verleihen dieser traditionellen Sauce aus Bologna den herzhaften Geschmack. Garen Sie die Sauce langsam und sanft, damit das Fleisch zart wird und die Aromen sich voll entfalten können.

Vorbereitungszeit: 15 Minuten
Garzeit: 1¼ Stunden
4–5 Portionen

25 g Butter
2 EL Olivenöl
1 Zwiebel, fein gehackt
2 Selleriestangen, fein gehackt
2 Knoblauchzehen, zerdrückt
500 g Rinderhackfleisch
200 g pikante italienische Wurst, ohne Haut
300 ml Rot- oder Weißwein
400 g gehackte Tomaten aus der Dose
1 TL feiner Zucker
2 Lorbeerblätter
1 TL getrockneter Oregano
2 EL Paste aus sonnengetrockneten Tomaten
Salz und Pfeffer

1 Butter zusammen mit dem Öl in einem großen Topf erhitzen, Zwiebel und Sellerie darin 5 Minuten dünsten. Knoblauch, Rinderhackfleisch und Wurst hinzugeben, so lange mitdünsten, bis alles leicht gebräunt ist. Fleisch und Wurst mit einem Holzlöffel leicht zerdrücken.

2 Wein zugießen und 1–2 Minuten leicht einkochen. Tomaten, Zucker, Lorbeer, Oregano, Tomatenpaste und etwas Salz und Pfeffer unterrühren und aufkochen lassen. Bei sehr schwacher Hitze die Sauce anschließend zugedeckt etwa 1 Stunde köcheln, dabei gelegentlich umrühren. Die Sauce sollte eine dickliche Konsistenz haben.

Sauce Bolognese

Passt zu: mit geriebenem Parmesan bestreute Tagliatelle, Linguini oder Spaghetti und zu Lasagne oder Cannelloni

Ziegenkäse-Pinienkern-Sauce Schnell und leicht zuzubereiten ist diese schmackhafte Sauce ohne Fleisch von eher grober Konsistenz. Ihr Aroma ist kaum zu übertreffen und schon ein Blattsalat als Begleiter reicht für eine tolle Mahlzeit. Probieren Sie die Sauce mit frischen Eier- oder Spinatnudeln oder zu Tortellini mit Fleisch- oder Käsefüllung.

Vorbereitungszeit: 10 Minuten
Garzeit: 5 Minuten
4 Portionen

1 Porreestange

25 g Butter

75 g Pinienkerne

2 Knoblauchzehen, in dünne Scheiben geschnitten

300 ml Schlagsahne

fein geriebene Schale und Saft von 1 Zitrone

150 g fester Ziegenkäse, zerkrümelt

Salz und Pfeffer

1 Porreestange waschen und putzen, dann möglichst fein schneiden. Butter in einer Pfanne erhitzen und die Pinienkerne so lange darin andünsten, bis sie leicht bräunlich sind. Das dauert etwa 2 Minuten. Knoblauch und Porree zugeben und 1 Minute mitdünsten.

2 Sahne, Zitronenschale und -saft in die Pfanne geben, Ziegenkäse hineinkrümeln. Mit etwas Salz und Pfeffer würzen. Unter Rühren 1–2 Minuten erhitzen, bis die Sahne kocht und der Käse zerläuft. Unter heiße Nudeln rühren und sofort servieren.

Oliven-Kapern-Tapenade

Eigentlich erinnert die reich aromatisierte Tapenade eher an eine Paste. Doch unter frisch gekochte Nudeln gemengt wird aus ihr eine köstliche Sauce. Ideal, wenn Sie es einmal eilig haben, denn Sie können das Rezept im Voraus zubereiten und im Kühlschrank aufbewahren. Reste sind ein wunderbarer Belag für Crostini.

Zubereitungszeit: 5 Minuten
4 Portionen

100 g schwarze Oliven, entsteint

4 EL Kapern, abgespült und abgetropft

50 g sonnengetrocknete Tomaten in Öl, abgetropft

6 Anchovis-Filets, abgetropft

1 TL Fenchelsamen, leicht zerdrückt

1 kleine Hand voll gehackte glatte Petersilie

1 Hand voll Basilikum, grob gehackt

150 ml Olivenöl

Salz und Pfeffer

frisch geriebener Parmesan-Käse zum Servieren (nach Belieben)

1 Oliven, Kapern, Tomaten, Anchovis und Fenchelsamen in das Rührgefäß der Küchenmaschine geben und zu einem Mus vermengen. Eventuell Reste von den Seiten des Gefäßes kratzen.

2 Petersilie, Basilikum, Öl und etwas Salz und Pfeffer zugeben und kurz vermengen, so dass die Kräuter fein zerkleinert sind und die Zutaten eine homogene Masse bilden.

3 Die Sauce unter leicht abgetropfte Nudeln rühren und nach Belieben mit Parmesan bestreuen.

Walnuss-Dolcelatte-Sauce mit Crème fraîche

Walnüsse sind eine perfekte Zutat für Pastasaucen, die für sich allein schon das Aroma einer Sauce ausmachen können. Diese einfache Sauce ist sehr sättigend, weswegen Sie nur kleine Portionen mit Penne oder Spiralnudeln servieren sollten. Dazu passt ein Tomaten- oder grüner Blattsalat.

Vorbereitungszeit: 10 Minuten
Garzeit: 5 Minuten
3–4 Portionen

2 EL Walnussöl

2 Knoblauchzehen, zerdrückt

100 g Walnüsse, gehackt

150 g Dolcelatte-Käse

200 ml Crème fraîche

2 EL gehackte glatte Petersilie

Salz und Pfeffer

1 Das Öl in einer Pfanne erhitzen und Knoblauch darin 1 Minute anbraten. Walnüsse hinzugeben und 1 Minute mitdünsten.

2 Käse in die Pfanne krümeln, Crème fraîche und Petersilie unterrühren. Etwas Salz und Pfeffer dazugeben und alles 1–2 Minuten erhitzen, bis der Käse gerade zu zerlaufen beginnt. Die Sauce mit heißer Pasta vermengen oder Pasta auf Tellern anrichten und die Sauce darüber geben.

Räucherlachssauce mit Dill

Für diese Sauce können Sie Reste von geräuchertem Lachs verwenden, sie sind meist günstig zu erstehen oder Sie haben noch welche von einem anderen Gericht übrig. Meist haben diese Reste sogar die richtige Größe, um in eine köstliche Pastasauce gerührt zu werden.

Vorbereitungszeit: 10 Minuten
Garzeit: 15 Minuten
4 Portionen

25 g Butter
1 Fenchelknolle, fein gehackt
2 kleine Zucchini, gewürfelt
2 Knoblauchzehen, zerdrückt
100 ml Weißwein
100 g frische oder tiefgekühlte Erbsen
1 Hand voll gehackter Dill
250 g Mascarpone
150 g Räucherlachs, klein geschnitten
Salz und Pfeffer

1 Butter in einem großen Topf erhitzen und Fenchel und Zucchini darin 6–8 Minuten weich, aber nicht braun dünsten. Knoblauch zugeben und 2 Minuten mitdünsten.

2 Wein und etwas Salz und Pfeffer zugeben und aufkochen lassen. 1 Minute kochen lassen, bis der Wein leicht reduziert ist.

3 Die Sauce in das Rührgefäß der Küchenmaschine füllen und kurz mixen. Die Sauce sollte noch kleine Fenchel- und Zucchinistücke enthalten.

4 Sauce wieder in den Topf geben und Erbsen, Dill, Mascarpone-Käse und Lachs unterrühren. Erhitzen und eventuell noch einmal würzen.

Räucherlachssauce mit Dill

Passt zu: Tagliatelle oder Spaghetti

Pilz-Marsala-Sauce mit Hähnchenleber

Marsala und Obstessig verleihen der Sauce ein süßliches Aroma, das mit der Hähnchenleber kontrastiert. Servieren Sie die Pilz-Marsala-Sauce mit frischen Spinattagliatelle als leichte Mittags- oder Abendmahlzeit.

Vorbereitungszeit: 10 Minuten
Garzeit: 10 Minuten
2 Portionen

250 g frische oder tiefgekühlte Hähnchenleber
25 g Butter
1 EL Olivenöl
1 kleine Zwiebel, fein gehackt
200 g Shiitake-Pilze, fein gehackt
2 Knoblauchzehen, in Scheiben
4 EL Marsala
1 EL Obstessig
2 EL gehackte Korianderblätter
Salz und Pfeffer

1 Tiefgekühlte Leber auf Küchenpapier auftauen lassen. Sehnen herausschneiden und die Leber in kleine Stücke schneiden. Mit Salz und Pfeffer würzen.

2 Die Hälfte der Butter mit dem Öl in einer großen Pfanne erhitzen. Leber und Zwiebel unter Rühren etwa 3 Minuten kross braten. Mit einem Schaumlöffel herausnehmen. Restliche Butter in einem Topf zerlassen, Pilze und Knoblauch zugeben und unter Rühren 2 Minuten dünsten.

3 Leber-Zwiebel-Mischung in den Topf geben und Marsala und Essig zugeben, würzen. Zugedeckt 3–4 Minuten köcheln, bis die Leber gar, aber innen noch rosa ist. Koriander unterrühren und die Sauce servieren.

Knoblauch-Parmesan-Sauce mit Ciabatta

Ein ideales Rezept, wenn Sie ein Ciabatta-Brot haben, das schon etwas trocken ist. Zusammen mit Olivenöl, Knoblauch, Zitrone, Tomaten und Parmesan können Sie es noch für dieses köstliche Rezept verwenden.

Vorbereitungszeit: 10 Minuten
Garzeit: 3 Minuten
4 Portionen

150 g altbackenes Ciabatta
8 EL extra natives Olivenöl
2 Knoblauchzehen, in dünne Scheiben geschnitten
fein geriebene Schale und Saft von 1 Zitrone
125 g Tomaten, gehackt
75 g frisch geriebener Parmesan
Salz und Pfeffer

1 Ciabatta mit der Kruste in kleine Stücke brechen und in der Küchenmaschine zu groben Krümeln zerkleinern.

2 Die Hälfte des Öls in einer Pfanne erhitzen. Brotkrümel und Knoblauch hineingeben und unter Rühren in 1–2 Minuten hellgelb braten.

3 Zitronenschale und -saft, Tomaten, Parmesan, restliches Öl und reichlich Salz und Pfeffer zugeben. 30 Sekunden erhitzen und sofort servieren.

Variation: Dies ist ein ideales Rezept, wenn Sie Zutaten mit starken Aromen übrig haben. Probieren Sie es z B. mit gehacktem Anchovis, Oliven, Kapern, Pinienkernen und frischen Kräutern.

Frische Venusmuschelsauce

Mit frischen Venusmuscheln in Tomatensauce erwecken Sie die italienischen Spaghetti Vongole zu neuem Leben. Leider sind frische Venusmuscheln nicht überall immer im Handel erhältlich – Sie sollten deswegen die Gelegenheit nutzen, wenn Sie welche bekommen können.

Vorbereitungszeit: 20 Minuten
Garzeit: 20 Minuten
4 Portionen

1 kg kleine frische Venusmuscheln
4 EL Olivenöl
3 Knoblauchzehen, zerdrückt
¼ TL zerdrückte getrocknete rote Chilis
150 ml trockener Weißwein
2 Dosen Tomaten (je 400 g)
1 TL feiner Zucker
1 kleine Hand voll gehackte glatte Petersilie
fein geriebene Schale und Saft von ½ Zitrone
Salz und Pfeffer

1 Muscheln abbürsten, beschädigte Muscheln und solche, die sich beim Klopfen auf die Schale nicht öffnen, aussortieren.

2 Das Öl in einem großen Topf erhitzen. Knoblauch und Chilis darin 1 Minute dünsten. Wein zugeben und 2 Minuten kochen, dann Tomaten und Zucker untermengen. Sauce aufkochen und anschließend 8–10 Minuten köcheln, bis sie eine dicke Konsistenz hat. Tomaten zwischendurch mit einem Holzlöffel zerdrücken.

3 Muscheln in den Topf geben, Deckel schließen und 3–4 Minuten kochen, bis die Muscheln sich geöffnet haben. Mit einem Schaumlöffel zwei Drittel der Muscheln herausnehmen und das Fleisch aus der Schale nehmen. Alle Muscheln wegwerfen, deren Schalen sich nicht geöffnet haben. Muschelfleisch und Petersilie in den Topf geben, Zitronenschale, -saft, Salz und Pfeffer zugeben. 2 Minuten erhitzen und sofort servieren.

Pikante Wurstsauce

Sie ist voller unterschiedlicher Gewürze und damit ein echter Seelentröster. Selbst aus den langweiligsten Würsten macht diese Sauce eine köstliche Pasta-Sauce. Vielleicht bekommen Sie Wurst, die Apfel, Porree oder milde Gewürze enthält, dann wird das Ergebnis besonders gut. Aber auch jede andere magere Wurst tut es.

Vorbereitungszeit: 10 Minuten
Garzeit: 20 Minuten
4 Portionen

2 TL Kardamomkapseln

1 TL Kreuzkümmelsamen

1 TL Fenchelsamen

2 EL Olivenöl

1 rote Zwiebel, in dünne Scheiben geschnitten

500 g Wurst, ohne Haut

50 g Pinienkerne

3 EL gehackte Kräuter, z. B. Petersilie, Fenchel und Koriander

150 g Weißkohl, sehr klein geschnitten

300 ml Schlagsahne

Salz und Pfeffer

1 Kardamomkapseln mit einem Stößel aufbrechen, Schalen entfernen und Kreuzkümmel- und Fenchelsamen zu den Kardamomsamen geben. Alle Samen etwas zerdrücken.

2 Das Öl in einer großen Pfanne erhitzen, die Zwiebel darin 3 Minuten dünsten. Wurst zugeben und 6–8 Minuten mitdünsten, dabei die Wurststückchen mit einem Holzlöffel zerkleinern.

3 Pinienkerne und zerdrückte Samen in die Pfanne geben und unter Rühren 3–5 Minuten dünsten. Kohl zugeben und 2 Minuten mitdünsten.

4 Sahne unterrühren und die Sauce weitere 2 Minuten erhitzen. Mit Salz und Pfeffer nach Geschmack würzen und heiß servieren.

Pikante Wurstsauce

Passt zu: Tagliatelle oder Makkaroni

Saucen zu Fisch

Saucen-Variationen zu Fisch und Meeresfrüchten gibt es in Hülle und Fülle. Sie haben also die Lust der Wahl, was Geschmack, Konsistenz und Farbe anbetrifft, je nachdem, welchen Fisch Sie dazu servieren möchten. Viele glauben, Fischsaucen sollten leicht und zart sein, aber das muss nicht immer der Fall sein. Neben den Saucen, die Tomaten, Brunnenkresse und Safran enthalten, gibt es gröbere, stärker gewürzte oder solche, die mit Nüssen und Knoblauch angereichert sind – ideal für große Fische, die einen fleischähnlichen Geschmack haben. Nicht überall ist wirklich frischer Fisch im Angebot. Bevor Sie jedoch Fisch verwenden, der nicht mehr ganz frisch ist, greifen Sie lieber auf Tiefkühlware zurück. Wie auch immer Sie sich entscheiden: Mit den folgenden Saucen zaubern Sie Mahlzeiten auf den Tisch, die Familie und Gäste begeistern werden.

Rouille Diese feurig-scharfe mediterrane Sauce wird gern zu Fischsuppen und Bouillabaisse serviert. Schnell und einfach geht es, wenn Sie fein zerdrückten Knoblauch und rote Chili unter Fertigmayonnaise rühren. Doch die hier vorgestellte Version hat mehr Farbe und zusätzliche Aromen, sie wird aus rotem Paprika zubereitet, der zuvor im Ofen gebacken wurde.

Vorbereitungszeit: 15 Minuten, ohne Kühlzeit
Garzeit: 10 Minuten
6 Portionen

1 große rote Paprika, entkernt

3 Knoblauchzehen, grob gehackt

1 scharfe rote Chili, entkernt und grob gehackt

1 Eigelb

25 g Semmelbrösel

150 ml Olivenöl

Salz

1 Die Paprikaschote in dicke Streifen schneiden. Ein Backblech erhitzen, die Paprikastücke mit der Hautseite nach unten darauf legen und das Backblech in den Ofen schieben. Paprika etwa 15 Minuten grillen, dabei ab und zu wenden, bis die Haut schwarz wird und Blasen wirft. Paprika etwas abkühlen lassen, dann die Haut abziehen.

2 Paprika, Knoblauch, Chili, Eigelb und etwas Salz in das Rührgefäß der Küchenmaschine geben und zu einem Mus vermengen, eventuell Reste von den Seiten des Gefäßes kratzen.

3 Semmelbrösel und 2 Esslöffel Öl zugeben und noch einmal gut verrühren.

4 Nach und nach restliches Öl in einem dünnen Strahl zugießen und unterarbeiten, bis die Sauce eine glatte Konsistenz hat. Nach Belieben zusätzlich mit Salz würzen, dann die Sauce in eine kleine Schüssel füllen. Zugedeckt 2 Tage kühl stellen, bevor Sie sie servieren.

Rouille

Passt zu: Fischsuppen und Eintöpfen, die pikanter schmecken, wenn etwas Rouille untergerührt wird, köstlich auch zu gebratenem oder gegrilltem Fisch

Tomaten-Coulis Eine Coulis wird aus frischem, meist rohem, Obst oder Gemüse zubereitet und hat in der Regel eine dünne Konsistenz. Aus frischen Tomaten, die sehr viel Aroma enthalten, lässt sich mit wenigen anderen Zutaten eine großartige, erfrischende Coulis zaubern. Wie jede Coulis sieht auch diese auf weißen Tellern – bedeckt mit Fisch oder Gemüse – fantastisch aus.

Vorbereitungszeit: 10 Minuten
Garzeit: 14 Minuten
4–6 Portionen

750 g Tomaten

4 EL Olivenöl

2 Knoblauchzehen, grob gehackt

2 Schalotten, gehackt

einige Thymianzweige

½ TL feiner Zucker

1 EL Tomatenpaste

Salz und Pfeffer

1 Tomaten enthäuten (siehe Seite 9), halbieren und die Kerne mit einem Löffel herauskratzen. Fruchtfleisch in ein Sieb geben, das Sieb auf eine Schüssel stellen und den Tomatensaft in die Schüssel tropfen lassen. Mit dem Rücken eines Löffels das Fruchtfleisch herunterdrücken, um möglichst viel von dem Saft zu gewinnen.

2 Das Öl in einem Topf mit schwerem Boden erhitzen. Knoblauch, Schalotten und Thymian hineingeben und etwa 3 Minuten dünsten, bis die Schalotten glasig sind.

3 Tomatenfleisch, Zucker und etwas Salz und Pfeffer dazugeben, abdecken und die Sauce etwa 10 Minuten köcheln, ab und zu umrühren. Die Mischung in das Rührgefäß der Küchenmaschine geben, Tomatensaft und Tomatenpaste zugeben und alle Zutaten zu einer glatten Sauce mixen. Warm oder gekühlt servieren.

Gemüse-Coulis Im Gegensatz zur Tomaten-Coulis schmeckt diese Sauce heiß am besten. Reichen Sie dazu Tunfisch- oder Haifischsteaks oder Seebarschfilets.

Vorbereitungszeit: 10 Minuten
Garzeit: 20 Minuten
6 Portionen

25 g Butter

2 EL Olivenöl

1 kleine Porreestange, geputzt und in Scheiben

200 g Zucchini, in Scheiben

100 ml Weißwein

75 g junger Spinat

1 kleine Hand voll Koriander oder Estragon

1 EL Zitronensaft

Salz und Pfeffer

1 Butter zusammen mit dem Öl in einer Pfanne erhitzen, Porree und Zucchini zugeben. Das Gemüse zugedeckt unter gelegentlichem Rühren etwa 15 Minuten weich, aber nicht braun dünsten.

2 Wein, Spinat, Koriander oder Estragon sowie Salz und Pfeffer zugeben und aufkochen. Zugedeckt 5 Minuten köcheln.

3 Die Mischung in das Rührgefäß der Küchenmaschine geben und zu einer sehr feinen Sauce vermengen. In einen Topf geben. Zitronensaft unterrühren, eventuell nachwürzen und heiß servieren.

Brunnenkresse-Sauce Ein Stück gegarter Fisch, der in einer feinen, glänzenden Brunnenkresse-Sauce badet, wird zu einer wahrhaft beeindruckenden Hauptmahlzeit. Die Sauce bereiten Sie am besten erst am Tag des Essens zu: Wenn Sie sie im Voraus kochen möchten, stellen Sie die Sauce in den Kühlschrank und erwärmen Sie kurz vor dem Servieren.

Vorbereitungszeit: 5 Minuten
Garzeit: 10 Minuten
4 Portionen

50 g Butter
1 kleine Zwiebel, gehackt
1 TL Mehl
150 ml Gemüsebrühe (siehe Seite 12)
75 g Brunnenkresse
3 EL Crème double
frisch geriebene Muskatnuss
Salz und Pfeffer

1 Die Butter in einem Topf erhitzen. Zwiebel zugeben und in 5 Minuten glasig dünsten, nicht bräunen. Mehl zugeben und etwa 1 Minute einrühren.

2 Topf vom Herd nehmen und nach und nach die Brühe einrühren, dann die Brunnenkresse dazugeben (die Stiele nicht entfernen). Topf wieder auf den Herd stellen und die Sauce aufkochen, anschließend bei schwacher Hitze 2 Minuten köcheln lassen.

3 Die Mischung in das Rührgefäß der Küchenmaschine geben und so lange verrühren, bis die Sauce eine glatte Konsistenz hat. Sauce in den gesäuberten Topf geben und Sahne, reichlich Muskatnuss, Salz und Pfeffer zugeben. Etwa 1 Minute erhitzen, dann sofort servieren.

Indische Masala-Sauce Bereiten Sie zuerst ein pikantes Ingwer-Mus zu, rühren Sie dann Joghurt und Brühe darunter. Kurz vor dem Servieren erhitzen Sie das Mus. Wollen Sie nur eine kleine Portion von der Sauce zubereiten, können Sie das übrig gebliebene Mus im Kühlschrank aufbewahren. Die Masala-Sauce schmeckt zu Hähnchen, Schweine- oder Gemüsekebabs.

Vorbereitungszeit: 10 Minuten
Garzeit: 12 Minuten
4 Portionen

1 EL Kreuzkümmelsamen

2 TL Fenchelsamen

50 g frischer Ingwer, geschält und grob gehackt

5 Knoblauchzehen, grob gehackt

1 scharfe rote oder grüne Chili, entkernt und grob gehackt

2 EL Tomatenpaste

1 TL gemahlene Kurkuma

2 TL feiner Zucker

4 EL kaltes Wasser

1 EL Pflanzenöl

1 Zwiebel, fein gehackt

150 ml Hühner- oder Gemüsebrühe (siehe Seite 12)

100 ml Naturjoghurt

Salz

1 Kreuzkümmel- und Fenchelsamen in einer Pfanne ohne Fett in 2 Minuten leicht bräunen.

2 Samen in das Rührgefäß der Küchenmaschine geben, Ingwer, Knoblauch, Chili, Tomatenpaste, Kurkuma, Zucker und kaltes Wasser zugeben. Zu einem feinen Mus verrühren, eventuell Reste von den Seiten des Rührgefäßes kratzen.

3 Das Öl in einer Pfanne erhitzen und die Zwiebel darin in 5 Minuten leicht bräunen.

4 Das feine Mus, Brühe, Joghurt und etwas Salz zur Zwiebel geben und aufkochen. Bei schwacher Hitze 5 Minuten köcheln, bis die Sauce die gewünschte dicke Konsistenz hat. Heiß servieren.

Garnelensauce Das Großartige an dieser Sauce ist, dass selbst die Schalen verwendet werden: Farbe und Aroma machen sie zu etwas ganz Besonderem. Für alle Freunde von Schalentieren ist diese Kombination von ganzen Garnelen und reichlich Crème fraîche unübertrefflich.

Vorbereitungszeit: 20 Minuten
Garzeit: 30 Minuten
4 Portionen

500 g ganze Garnelen, gegart
40 g Butter
1 Möhre, klein geschnitten
2 Selleriestangen, grob gehackt
2 Lorbeerblätter
100 ml Weißwein
400 ml Wasser
2 EL Mehl
¼ TL Cayennepfeffer
100 ml Crème fraîche
Salz und Pfeffer

1 Garnelen schälen, Köpfe und Schalen zur Seite legen. 25 g Butter in einem großen Topf erhitzen. Möhre, Sellerie, Lorbeer und Garnelenköpfe und -schalen hineingeben und 4–5 Minuten leicht bräunen.

2 Weißwein zugießen und einige Sekunden kochen. Wasser zugießen und aufkochen lassen. Bei schwacher Hitze zugedeckt 20 Minuten köcheln. Die Mischung in das Rührgefäß der Küchenmaschine geben und zu einem dünnen Püree vermengen.

3 Das Püree mit Hilfe eines Löffels durch ein Sieb in eine Schüssel streichen.

4 Topf säubern, dann die restliche Butter erhitzen. Mehl zugeben und etwa 1 Minute einrühren. Topf vom Herd nehmen, nach und nach die Fischbrühe unterrühren. Topf wieder auf den Herd stellen und Sauce aufkochen. Bei schwacher Hitze Cayennepfeffer und Crème fraîche unterrühren. Unter Rühren 5 Minuten köcheln lassen, bis die Sauce die gewünschte glatte, dicke Konsistenz hat. Garnelen untermischen, 30 Sekunden erhitzen und sofort servieren.

Sauce vierge Eine außergewöhnlich appetitlich und frisch aussehende Sauce, die schnell zubereitet ist und dennoch auf einem Sommerfest beeindruckt. Das Geheimnis liegt in einem qualitativ hochwertigen Olivenöl. Rühren Sie die Sauce einige Stunden im Voraus an, sie muss dann nur noch kurz erwärmt werden.

Vorbereitungszeit: 10 Minuten
Garzeit: 2 Minuten
6 Portionen

4 reife Tomaten

½ TL Koriandersamen

15 g frische Kräuter, z. B. Kerbel, glatte Petersilie, Estragon und Schnittlauch

1 Knoblauchzehe, fein gehackt

fein geriebene Schale und Saft von 1 Zitrone

100 ml Olivenöl

Salz und Pfeffer

1 Die Tomaten enthäuten (siehe Seite 9). Tomaten halbieren, mit einem Teelöffel die Kerne herauskratzen, das Fruchtfleisch fein würfeln.

2 Koriandersamen mit einem Stößel so fein wie möglich zerkleinern. Blätter von den Stängeln zupfen und die Kräuter fein hacken.

3 Tomaten, Koriandersamen, Kräuter, Knoblauch, Öl, Schale und Saft der Zitrone mit etwas Salz und Pfeffer in eine Schüssel geben. Alle Zutaten gut miteinander vermengen. Zugedeckt bis zum Servieren kalt stellen.

4 Sauce in einen kleinen Topf geben und sanft erhitzen.

Sauce vierge

Passt zu: leicht gedämpftem Gemüse, Pasta, Schalentieren, Meeräsche und Filets von Weißfisch

Knoblauch-Mandel-Sauce

Eine kräftige Sauce, die Sie in Schwung bringt: ideal für Salate und kalte Gerichte im Sommer. Sie können die Sauce im Voraus zubereiten und in den Kühlschrank stellen. Avocadoöl, das aus der ersten Kaltpressung gewonnen wird, schmeckt in Saucen und Dressings besonders gut, Sie können stattdessen aber auch Olivenöl verwenden.

Vorbereitungszeit: 5–10 Minuten
Garzeit: 30 Minuten
6 Portionen

3 ganze Knoblauchknollen
100 ml Avocadoöl
1 Scheibe Weißbrot ohne Rinde
50 g gehackte Mandeln
50 g Pinienkerne
fein geriebene Schale und Saft von ½ Zitrone
Salz und Pfeffer

1 Von den Knoblauchknollen jeweils oben eine dünne Scheibe abschneiden. Ein Backblech mit Alufolie auslegen, die Knollen darauf setzen und mit 1 Esslöffel Öl beträufeln. Im vorgeheizten Backofen bei 200 °C (Gas Stufe 6) etwa 30 Minuten backen. Der Knoblauch sollte sich weich anfühlen, wenn Sie ihn etwas drücken. Abkühlen lassen.

2 In der Zwischenzeit das Brot in eine Schüssel legen und mit kaltem Wasser übergießen. 5 Minuten einweichen.

3 Das Knoblauchfleisch aus den Häuten drücken und in das Rührgefäß der Küchenmaschine geben. Das Brot aus dem Wasser nehmen und ausdrücken. Brot, Mandeln, Pinienkerne, Zitronenschale und -saft ebenfalls in das Rührgefäß geben und so lange vermengen, bis ein Mus entsteht.

4 Unter Weiterrühren nach und nach das Öl unterarbeiten, so lange rühren, bis die Sauce dick und glatt ist. Nach Geschmack mit Salz und Pfeffer würzen, eventuell etwas zusätzlichen Zitronensaft unterrühren. Die Sauce in eine kleine Servierschüssel füllen, abdecken und bis zum Servieren kalt stellen.

Dill-Senf-Sauce

Diese schwedische Sauce ist süß und scharf zugleich und enthält reichlich Dill. Sie lässt sich im Voraus zubereiten, hält sich jedoch auch einige Tage im Kühlschrank. Reichen Sie dazu heißen oder kalten Räucherfisch, insbesondere Lachs, oder einen warmen Salat aus jungen Kartoffeln. Saucenreste schmecken köstlich zu Salaten oder auf mit Fleisch belegten Broten.

Vorbereitungszeit: 10 Minuten
8 Portionen

15 g Dill

2 EL milder, grobkörniger Senf

1 TL Dijonsenf

2 EL feiner Zucker

3 EL Weißweinessig

150 ml leichtes Olivenöl

Salz

1 Dillspitzen von den Zweigchen zupfen und fein hacken. Beide Senfsorten, Zucker und Essig mit etwas Salz in eine Schüssel geben.

2 Zutaten gut verrühren. Nach und nach das Öl in einem feinen Strahl unterarbeiten und so lange rühren, bis die Sauce eine glatte, dicke Konsistenz hat.

3 Dill untermischen und Sauce abschmecken. Eventuell etwas Salz, Essig oder Zucker unterrühren – ganz nach Ihrem Geschmack.

Fenchel-Pancetta-Sauce

Diese Sauce ist schnell und leicht zuzubereiten. Heiß zu frisch gekochten Muscheln eine Delikatesse, aber auch köstlich zu Meeräsche oder Seebarsch.

Vorbereitungszeit: 5 Minuten
Garzeit: 15 Minuten
4 Portionen

25 g Butter

1 große Fenchelknolle, geputzt und klein geschnitten

100 g Pancetta, fein gehackt

100 ml trockener Wermut oder halbtrockener Weißwein

150 ml Fischbrühe (siehe Seite 13)

1 Eigelb

150 ml Schlagsahne

Salz und Pfeffer

1 Die Butter in einem Topf erhitzen. Fenchel und Pancetta dazugeben und unter häufigem Rühren 6–8 Minuten weich dünsten.

2 Wermut oder Wein zugießen und 1 Minute kochen lassen. Brühe und etwas Salz und Pfeffer zugeben und 5 Minuten köcheln.

3 Eigelb und Sahne in einer Schüssel mit etwas Brühe verrühren. Mischung in die Sauce gießen und unter ständigem Rühren köcheln lassen, bis die Sauce gebunden ist. Eventuell nachwürzen und heiß servieren.

Sauce Thermidor

Obwohl diese cremige Sauce normalerweise zu Hummer gereicht wird, passt sie praktisch zu allen Schalentieren und zu Weißfisch. Nur mit wirklich guter Fischbrühe ist sie ein Genuss – wie alle Saucen, deren Basis eine Brühe ist. Wenn Sie die Brühe nicht selbst herstellen wollen, können Sie gute Fischbrühe bei Ihrem Fischhändler kaufen.

Vorbereitungszeit: 15 Minuten
Garzeit: 25 Minuten
6 Portionen

400 ml Fischbrühe (siehe Seite 13)
200 ml trockener Weißwein
1 Sträußchen gemischte Kräuter
15 g Butter
15 g Mehl
300 ml Vollmilch
2 TL Tomatenpaste
1 TL englischer Senf
¼ TL Cayennepfeffer
1 EL fein gehackter Kerbel oder Estragon
150 ml Crème double
1 EL Brandy
Salz

1 Fischbrühe, Wein und das Sträußchen gemischte Kräuter in einen großen Topf geben und aufkochen. So lange kochen, bis die Flüssigkeit auf 200 Milliliter reduziert ist.

2 Butter in einem anderen Topf erhitzen. Mehl zugeben und etwa 2 Minuten einrühren, bis die Mehlschwitze Farbe bekommt. Topf vom Herd nehmen und nach und nach die Milch unterrühren. Topf wieder auf den Herd stellen und Tomatenpaste, Senf und Cayenne zugeben, erneut aufkochen. 5 Minuten unter Rühren köcheln lassen, bis die Sauce eingedickt ist.

3 Das Sträußchen gemischte Kräuter aus der Brühe nehmen und die Brühe in die Sauce rühren.

4 Kerbel oder Estragon, Sahne und Brandy unterrühren und so lange köcheln, bis die Sauce den Rücken eines Holzlöffels dünn bedeckt. Eventuell nachwürzen und heiß servieren.

Sauce Thermidor

Passt zu: frisch gegartem Hummer und zu Krebsen oder als Sauce zu Weißfischfilets

Chorizo-Tomaten-Sauce

Durch die Zugabe dieser scharfen spanischen Paprikawurst verleiht man einer schlichten Tomatensauce einen sehr herzhaften Geschmack. Die Sauce schmeckt zu fast allen Weißfischen, aber auch zu gegrilltem Hähnchen.

Vorbereitungszeit: 10 Minuten
Garzeit: 15 Minuten
4 Portionen

3 EL Olivenöl
1 große rote Zwiebel, fein gehackt
125 g Chorizo, ohne Haut und fein gewürfelt
1 TL Fenchel- oder Selleriesamen
400 g Cherrytomaten aus der Dose
1 EL Weinessig
1 EL flüssiger Honig
Salz und Pfeffer

1 Das Öl in einem Topf erhitzen. Zwiebel zugeben und unter Rühren 3 Minuten dünsten. Chorizo und Fenchel- oder Selleriesamen zugeben und 2 Minuten mitdünsten.

2 Tomaten durch ein Sieb in den Topf abgießen, die ganzen Tomaten zur Seite legen. Essig, Honig und etwas Salz und Pfeffer zugeben und aufkochen lassen. Bei schwacher Hitze zugedeckt 8 Minuten köcheln.

3 Die ganzen Tomaten untermengen und eventuell nachwürzen. 1 Minute erhitzen und heiß servieren.

Safran-Sahne-Sauce

Diese samtig-weiche Sauce wird mit Sahne gebunden. Nur mit einer selbst gemachten Fischbrühe oder eine qualitativ hochwertige Fertigbrühe wird diese Sauce perfekt. Geben Sie die Sauce über Fisch oder Schalentiere oder vermengen Sie sie mit Weißfisch und frischer Pasta.

Vorbereitungszeit: 5 Minuten
Garzeit: 15 Minuten
4 Portionen

15 g Butter
1 EL Mehl
300 ml Fischbrühe (siehe Seite 13)
½ TL Safranfäden
2 TL Zitronensaft
75 ml Crème double
Salz und Pfeffer

1 Butter in einem Topf erhitzen. Mehl zugeben und unter ständigem Rühren mit einem Holzlöffel 2 Minuten rühren, bis die Mehlschwitze eine goldgelbe Farbe hat.

2 Topf vom Herd nehmen, nach und nach die Brühe zugeben und so lange rühren, bis die Sauce glatt ist.

3 Safranfäden zwischen Finger und Daumen leicht zerdrücken, einstreuen. Zitronensaft unterrühren. Topf wieder auf den Herd stellen und die Sauce unter Rühren aufkochen. Bei schwacher Hitze 5 Minuten köcheln, ab und zu umrühren. Die Sauce sollte eine glatte, dicke Konsistenz haben.

4 Crème double zugeben und die Sauce weitere 5 Minuten köcheln, bis sie den Rücken eines Holzlöffels dünn bedeckt. Nach Geschmack mit Salz und Pfeffer würzen und heiß servieren.

Variation: Geben Sie zusammen mit der Sahne 2–3 Esslöffel Wermut in die Sauce.

Honig-Pilz-Sauce mit Balsamico-Essig

Honig und Balsamico-Essig verleihen den sautierten Pilzen in diesem einfachen Rezept einen unwiderstehlichen Glanz. Süß und pikant zugleich, schmeckt die Honig-Pilz-Sauce besonders gut zu fettem Fisch wie Lachs, Forelle, Makrele oder Hering.

Vorbereitungszeit: 5 Minuten
Garzeit: 8 Minuten
4 Portionen

200 g Shiitake-Pilze
2 EL Sonnenblumenöl
1 EL Zitronensaft
einige Thymianzweige
2 EL flüssiger Honig
4 EL Balsamico-Essig
2 EL Schnittlauchröllchen
Salz und Pfeffer

1 Pilze in gleichmäßig große Stücke schneiden. Das Öl in einer Pfanne erhitzen und die Pilze darin 5 Minuten unter Rühren dünsten. Pfanne vom Herd nehmen.

2 Zitronensaft, Thymian, Honig und Balsamico-Essig zugeben, unter Rühren 2 Minuten erhitzen bzw. so lange, bis die Sauce heiß und sirupartig ist.

3 Schnittlauch und etwas Salz und Pfeffer zugeben und 1 weitere Minute erhitzen. Heiß servieren.

Estragon-Sahne-Sauce

Diese Sauce bereitet man wie die Béchamelsauce zu, allerdings muss die Mehlschwitze länger erhitzt werden und man verwendet Brühe statt Milch. Das Ergebnis – eine Sauce Velouté – kann pur gereicht oder wie in diesem Rezept mit Kräutern und anderen Aromen verfeinert werden.

Vorbereitungszeit: 10 Minuten
Garzeit: 15 Minuten
6 Portionen

25 g Butter
25 g Mehl
500 ml Fischbrühe (siehe Seite 13)
8 große Estragonzweige
150 ml trockener Weißwein
½ TL mittelscharfe Currypaste
4 EL Crème fraîche oder Schlagsahne
Salz und Pfeffer

1 Die Butter in einem Topf erhitzen. Mehl zugeben und unter Rühren mit einem Holzlöffel 3–4 Minuten erhitzen, bis die Mehlschwitze eine goldbraune Farbe hat.

2 Topf vom Herd nehmen und nach und nach die Fischbrühe zugießen, so lange rühren, bis die Sauce glatt ist. Den Topf wieder auf den Herd stellen und Sauce unter Rühren aufkochen. Bei schwacher Hitze unter Rühren köcheln, bis die Sauce den Rücken eines Holzlöffels dünn bedeckt.

3 Estragonblätter von den Zweigchen zupfen und die Blätter grob hacken.

4 Estragon, Wein, Currypaste, Crème fraîche oder Schlagsahne und etwas Salz und Pfeffer in die Sauce geben, weitere 5 Minuten köcheln, bis sie eine glatte Konsistenz hat und glänzt. Heiß servieren.

Estragon-Sahne-Sauce

Passt zu: gedämpften Muscheln, Lachs, Forelle oder Weißfisch mit festem Fleisch

Saucen zu Fleisch

Bei Saucen, die zu Fleisch gereicht werden, fallen uns meist die traditionellen Kombinationen ein, wie etwa scharf-fruchtige Saucen zu fettem Fleisch und sahnig-zarte zu magerem Fleisch. Dies ist ein guter Ausgangspunkt, wenn Sie ein Menü planen. Apfelsauce passt wunderbar zu Schwein, Meerrettich zu Rind und Minze zu Lamm, doch daneben gibt es noch eine Vielzahl von fantastischen klassischen und modernen Saucen, die mit Obst, Gewürzen, Kräutern und Alkohol zubereitet werden. Auf jeden Fall sollten Sie die Fleischsäfte aufbewahren, die beim Braten oder Schmoren entstehen, denn sie verleihen jeder Sauce ein besonderes Aroma.

Scharfe Pflaumensauce

Verwenden Sie für diese Sauce eine feste Pflaume mit einem säuerlichen Aroma. Am besten eignen sich Sorten, die sich auch einmachen lassen, z. B. Zwetschgen. Die Saison des Kernobstes ist nicht besonders lang. Es lohnt sich deshalb, ein paar Kilo mehr zu kaufen, die Sie dann einfrieren.

Vorbereitungszeit: 10 Minuten
Garzeit: 12 Minuten
4 Portionen

250 g Zwetschgen

1 Schalotte, fein gehackt

4 EL Wasser

fein geriebene Schale und Saft von 1 Limone

50 g heller Muscovado-Zucker

½ TL Fünfgewürzpulver

1 In jede Zwetschge eine Kerbe schneiden und Zwetschgen zusammen mit der Schalotte und dem Wasser in einen Topf geben.

2 Deckel schließen und das Ganze 10 Minuten kochen, bis die Zwetschgen sehr weich sind. Mit einem Holzlöffel auseinanderdrücken.

3 Ein Sieb auf einen sauberen Topf stellen und die Mischung in das Sieb geben. Die Zwetschgen mit einem Löffel gut ausdrücken, um so viel Saft wie möglich herauszubekommen. Auch das Fruchtfleisch, das sich unter dem Sieb ansammelt, in den Topf geben.

4 Limonenschale und -saft, Zucker und Fünfgewürzpulver in den Topf geben, langsam erhitzen, bis der Zucker sich aufgelöst hat und die Sauce von glatter, glänzender Konsistenz ist. Das dauert etwa 2 Minuten. Die Sauce eventuell nachsüßen. Sie sollte würzig, aber nicht zu scharf sein. Warm oder kalt servieren.

Scharfe Pflaumensauce

Passt zu: Schweine- und Lammkoteletts, Entenbrust und Wild, lässt sich auch in Bratensäfte rühren oder in Aufläufen verwenden

Cumberland-Sauce

Die samtig-weiche Sauce harmoniert hervorragend zu allen fetten Fleischsorten, zu kaltem Braten, Pâtés und Schweinepasteten – kalt und heiß. Im Kühlschrank hält sich die Sauce einige Tage, sie muss nur noch aufgewärmt werden.

Vorbereitungszeit: 10 Minuten
Garzeit: 15 Minuten
4 Portionen

1 Orange

1 Zitrone

1 Schalotte, fein gehackt

2 EL Rotweinessig

150 ml Rinder- oder Hühnerbrühe (siehe Seite 10 und 12)

75 ml Portwein

5 EL Rotes Johannisbeergelee

1 gute Prise Cayennepfeffer

Salz

1 Mit einem spitzen scharfen Messer die Schale einer Orangenhälfte abschälen und in sehr feine Streifen schneiden. Orangenschale 1 Minute in kochendem Wasser blanchieren. Abtropfen lassen.

2 Den Saft aus Orange und Zitrone pressen und in einen kleinen Topf geben. Schalotte, Essig, Brühe, Portwein, Gelee, Cayenne und etwas Salz zugeben. Aufkochen lassen, anschließend bei mittlerer Hitze etwa 10 Minuten köcheln, bis das Gelee aufgelöst ist und die Sauce eine sirupartige Konsistenz hat.

3 Orangenschale unterrühren und weitere 2 Minuten köcheln. Warm oder kalt servieren.

Rotwein-Bratensauce

Die karamellisierten Bratensäfte eines großen Stücks Rinder-, Lamm- oder Schweinebraten bilden die Grundlage dieser Sauce, die einen einfachen Braten in eine wahre Köstlichkeit verwandelt. Das i-Tüpfelchen erhält die Sauce, wenn Sie einige Scheiben Zwiebeln, Knoblauch oder Kräuterzweige während des Garens unter das Stück Fleisch legen.

Vorbereitungszeit: 5 Minuten
Garzeit: 5 Minuten
6 Portionen

Bratensaft vom Fleischbraten

2 TL Mehl

300 ml Rinder- oder Lammbrühe (siehe Seite 10)

150 ml vollmundiger Rotwein

Salz und Pfeffer

1 Kippen Sie den Bräter mit den Bratensäften leicht und schöpfen Sie mit einem Metalllöffel das Fett ab. Mehl zugeben und bei mittlerer Hitze 1 Minute unter Rühren erhitzen.

2 Brühe, Wein, Salz und Pfeffer hineingeben und aufkochen. Bei mittlerer Hitze köcheln lassen, bis die Sauce eine leicht dickliche Konsistenz hat und glänzt. Dabei immer wieder den Bratensatz vom Topfboden abkratzen. Eventuell nachwürzen und in eine Servierschüssel füllen.

Variationen: Für eine Hühner-Bratensauce verwenden Sie Hühnerbrühe und Weißwein statt Rotwein. Zu einer Lamm-Bratensauce können Sie gemahlenen Kreuzkümmel oder Koriander und rotes Johannisbeergelee geben. Zu Rind passen Senf- oder Meerrettichsauce.

Birnen-Pflaumen-Sauce mit Cider

Die Zutaten für diese zarte Sauce haben Sie bestimmt vorrätig. Sie bildet einen wunderbaren Kontrast zu Speck und Schinken. Gut gekühlt passt sie auch zu Pâtés, Terrinen, kaltem Braten und Wild. In ihrer Konsistenz ähnelt sie einem Chutney, weswegen man sie problemlos bis zu zwei Wochen im Kühlschrank aufbewahren kann.

Vorbereitungszeit: 10 Minuten
Garzeit: 35 Minuten
6 Portionen

1 EL Sonnenblumenöl
1 kleine Zwiebel, fein gehackt
100 g getrocknete Birnen, fein gehackt
100 g Backpflaumen, fein gehackt
450 ml Cider
½ TL gemahlener Piment
1 EL heller Muscovado-Zucker
2 EL Obstessig
Salz und Pfeffer

1 Öl in einem Topf erhitzen und die Zwiebel darin 3 Minuten dünsten. Birnen, Pflaumen, Cider, Piment, Zucker, Essig, Salz und Pfeffer zugeben und langsam aufkochen lassen.

2 Bei mittlerer Hitze 30 Minuten köcheln bzw. so lange, bis das Obst weich ist und die Sauce eine dicke Konsistenz hat. Ab und zu umrühren. Eventuell nachwürzen.

3 Wer es feiner mag, mixt die Sauce in der Küchenmaschine zu einem Püree. Die Sauce warm oder kalt servieren.

Variation: Würziger wird die Sauce, wenn man ein kleines Stück fein geriebenen Ingwer oder ½ Teelöffel Fünfgewürzpulver unterrührt.

Zwiebelsauce mit Bier

Wurst und Kartoffelbrei wären ohne diese wärmende goldgelbe Sauce nicht dasselbe. Lassen Sie den Zwiebeln reichlich Zeit zum Dünsten, denn nur so können sie in der Butter ihren süßlichen Geschmack entfalten. Wer kein Bier mag, kann stattdessen zusätzliche Brühe verwenden, obwohl Bier der Sauce ein lieblich-scharfes Aroma gibt.

Vorbereitungszeit: 10 Minuten
Garzeit: 25 Minuten
4 Portionen

25 g Butter

1 EL Pflanzenöl

einige Thymianzweige

8 Salbeiblätter, zerkleinert

500 g Zwiebeln, gehackt

1 TL feiner Zucker

2 Knoblauchzehen, zerdrückt

1 EL Mehl

150 ml Rinder-, Hühner- oder Gemüsebrühe (siehe Seite 10 und 12)

300 ml Bier

Salz und Pfeffer

1 Butter zusammen mit dem Öl in einer Pfanne erhitzen. Thymianblätter von den Stängeln zupfen und mit Salbei, Zwiebeln und Zucker in die Pfanne geben.

2 Die Zwiebeln abgedeckt etwa 15 Minuten weich dünsten und leicht bräunen, dabei gelegentlich umrühren.

3 Knoblauch hinzufügen und bei starker Hitze ohne Deckel in etwa 3 Minuten dunkelgold dünsten. Mehl zugeben und 1 Minute einrühren.

4 Brühe, Bier und etwas Salz und Pfeffer zugeben. Aufkochen und anschließend bei mittlerer Hitze 5 Minuten köcheln. Die Sauce sollte dann von glänzender, dicker Konsistenz sein. Mit Salz und Pfeffer abschmecken und heiß servieren.

Zwiebelsauce mit Bier

Passt zu: Wurst und Kartoffelbrei, Leber, Speck oder Fleischpastete

Porreesauce mit Muskat Die zart-cremige Sauce bringt Farbe und Aroma des Porrees so richtig zur Geltung. Sie schmeckt vorzüglich zu Lamm und gebratener Lammleber, aber auch zu gekochtem Schinken. Erst am Ende der Garzeit wird sie mit einer Mischung aus Sahne und Eigelb verfeinert und gebunden.

Vorbereitungszeit: 10 Minuten
Garzeit: 15 Minuten
6 Portionen

25 g Butter

1 EL Olivenöl

1 kleine Zwiebel, fein gehackt

250 g kleine Porreestangen, geputzt und gehackt

2 Lorbeerblätter

300 ml Gemüse- oder Hühnerbrühe (siehe Seite 12)

reichlich frisch geriebene Muskatnuss

2 Eigelb

150 ml Schlagsahne

Salz und Pfeffer

1 Butter zusammen mit dem Öl in einem Topf erhitzen. Zwiebel, Porree und Lorbeer zugeben und unter Rühren so lange dünsten, bis das Gemüse gerade weich ist. Das dauert etwa 6–8 Minuten.

2 Brühe zugießen und aufkochen lassen. Bei mittlerer Hitze Muskat einstreuen und die Sauce zugedeckt 5 Minuten köcheln.

3 Eigelb und Sahne in einer kleinen Schüssel verschlagen und 1 Löffel von der Sauce darunter rühren. Die Ei-Sahne-Mischung in die Sauce geben und unter Rühren so lange erhitzen, bis die Sauce die gewünschte dicke Konsistenz hat. Mit Salz und Pfeffer würzen und heiß servieren.

Pfeffersauce Zu gut gewürztem und gebratenem zarten Rindersteak oder Lammkotelett schmeckt diese cremig-zarte Pfeffersauce perfekt. Natürlich auch zu Gegrilltem, wenn Ihnen das lieber ist. Reichen Sie die Sauce zu Kurzgebratenem, wird sie in der Pfanne angerührt, damit sie den Geschmack des Bratensaftes voll aufnehmen kann.

Vorbereitungszeit: 5 Minuten
Garzeit: 8 Minuten
4 Portionen

2 EL grüne Pfefferkörner in Lake, abgetropft

25 g Butter

1 kleine Zwiebel, fein gehackt

2 Knoblauchzehen, fein gehackt

200 ml Crème fraîche

2 EL fein gehackte Petersilie

Salz

1 Pfefferkörner mit einem Stößel fein zerdrücken. Butter in einer Pfanne erhitzen und die Zwiebel darin in 5 Minuten weich dünsten. Knoblauch zugeben und 1 Minute mitdünsten.

2 Pfefferkörner, Crème fraîche, Petersilie und etwas Salz unterrühren. Vor dem Servieren 2 Minuten erhitzen.

Apfelsauce Die klassische Sauce zu gebratenem Schwein und zu Gans. Doch diese Apfelsauce schmeckt auch köstlich zu Hähnchen, Lamm, Ente, Wild und anderen fetten Fleischsorten. Übrig gebliebene Sauce ist ein wunderbarer Brotaufstrich und passt zu Baguette mit kaltem Braten. Das Geheimnis einer guten Apfelsauce: Sparen Sie nicht mit Butter und lassen Sie den Äpfeln Zeit beim Garen, damit sie ihren Geschmack voll entfalten können.

Vorbereitungszeit: 10 Minuten
Garzeit: 20 Minuten
6 Portionen

50 g Butter

3 große Äpfel, geschält, entkernt und klein geschnitten

50 g feiner Zucker

6 ganze Nelken

fein geriebene Schale und Saft von 1 Zitrone

Salz

1 Die Butter in einem Topf erhitzen. Äpfel, Zucker, Nelken, Zitronenschale, -saft und etwas Salz zugeben.

2 Das Ganze abgedeckt bei sehr schwacher Hitze etwa 20 Minuten garen, bzw. so lange, bis die Äpfel weich und musähnlich sind. Ab und zu umrühren. Eventuell zusätzlichen Zitronensaft zugeben. Die Sauce in eine Saucière geben und warm oder kalt servieren.

Variation: Soll die Sauce feiner sein, verwenden Sie statt der ganzen Nelken ¼ Teelöffel gemahlene Nelken und pürieren Sie die Sauce in der Küchenmaschine.

Minzesauce Sie schmeckt zu gebratener Entenbrust genauso gut wie zu gebratenem Lamm. Werfen Sie Reste nicht weg. Geben Sie einfach einige Spritzer Olivenöl dazu und reichen Sie die Minzesauce als Dressing zu warmen jungen Kartoffeln oder träufeln Sie etwas über Erbsen oder Zuckererbsen.

Vorbereitungszeit: 10 Minuten, ohne Durchziehzeit
6 Portionen

15 g Minze

1 EL feiner Zucker

1 EL kochendes Wasser

2 EL Weißweinessig

1 Minzeblätter von den Stängeln zupfen und sehr fein hacken.

2 Minze in eine kleine Schüssel geben. Mit Zucker und kochendem Wasser verrühren und 5 Minuten durchziehen lassen, dabei ein- oder zweimal umrühren, damit der Zucker sich vollständig auflöst.

3 Essig unterrühren und die Sauce eine Stunde vor dem Servieren ruhen lassen.

Satay-Sauce Vielseitig zu verwenden ist diese köstliche, reich gewürzte und nach Erdnuss schmeckende Sauce. Normalerweise reicht man sie zu einer Hauptmahlzeit, sie eignet sich aber auch als Dip zu verschiedenen Gemüsesorten oder kleinen Hähnchen-, Schweine- oder Fischspießchen.

Vorbereitungszeit: 10 Minuten
Garzeit: 7 Minuten
4–6 Portionen

1 Zitronengrasstängel
1 kleine Zwiebel, gehackt
2 Knoblauchzehen, gehackt
1 TL Garnelenpaste oder Thai-Fischsauce
1 TL Tamarindenpaste
1 scharfe rote Chili, entkernt und gehackt
2 EL Wasser
1 EL heller Muscovado-Zucker
200 ml Kokosmilch
175 g feine oder grobe Erdnussbutter
1 EL Sojasauce

1 Von den Zitronengrasstängeln die Enden abschneiden und schlechte Blätter abnehmen. Zitronengras in dünne Scheiben schneiden.

2 Zitronengras, Zwiebel, Knoblauch, Garnelenpaste oder Fischsauce und Chili in das Rührgefäß der Küchenmaschine geben. Wasser und Zucker mit hineingeben und die Zutaten zu einer Paste vermengen, falls nötig, Reste von den Seiten des Gefäßes kratzen.

3 Die Mischung mit der Kokosmilch in einen Topf geben. Aufkochen lassen (passen Sie auf, dass die Kokosmilch nicht überkocht), dann bei schwacher Hitze 5 Minuten leicht köcheln.

4 Erdnussbutter und Sojasauce unterrühren und weitere 2 Minuten köcheln, bis die Sauce heiß und eingedickt ist. Eventuell etwas mehr Sojasauce zugeben und zusätzliche Kokosmilch, falls die Konsistenz zu dick ist. Sauce in eine Servierschüssel füllen und warm servieren.

Satay-Sauce

Passt zu: mageren Schweine- und Hähnchenkebabs oder Steak, auch ein perfekter Dip für Rohkost oder ein Dressing für Gado Gado (Salat aus Bohnensprossen und Gemüse)

Ingwersauce mit roten Johannisbeeren

Saucen, die Früchte enthalten, bilden einen herrlichen Kontrast zu fettem, kräftig schmeckendem Fleisch. Diese Sauce ist frisch, leicht und dezent mit Ingwer gewürzt, sie passt deshalb gut zu einem Sommermenü. Auch zu gebratenem oder gegrilltem Lamm, Ente oder Wild ist sie eine echte Delikatesse, die warm und kalt serviert werden kann.

Vorbereitungszeit: 10 Minuten
Garzeit: 8 Minuten
4 Portionen

200 g frische oder tiefgekühlte rote Johannisbeeren

1 Schalotte, gerieben

15 g frischer Ingwer, geschält und gerieben

6 EL Wasser

½ TL Speisestärke

1 EL Rotes Johannisbeergelee

2 TL Rotweinessig

1 Johannisbeeren mit einer Gabel vorsichtig von den Rispen streifen. Die Hälfte beiseite legen, die andere Hälfte zusammen mit der geriebenen Schalotte, Ingwer und 4 Esslöffeln Wasser in eine Pfanne geben. 2–3 Minuten erhitzen, bis der Fruchtsaft heraustritt und zu köcheln beginnt.

2 Speisestärke mit dem restlichen Wasser verrühren und mit dem Gelee und dem Essig in die Pfanne rühren.

3 Unter Rühren die Sauce sanft erhitzen, bis das Gelee aufgelöst ist und die Sauce leicht eingedickt ist. Restliche Johannisbeeren untermischen und vor dem Servieren noch einmal 1 Minute erhitzen.

Normannische Apfelsauce

Die Kombination aus Äpfeln, Senf und Sahne ist ein Klassiker aus der Normandie. Serviert wird die Sauce zu gegrilltem oder gebratenem Fleisch, vor allem Schwein und Hähnchen.

Vorbereitungszeit: 10 Minuten
Garzeit: 25 Minuten
5–6 Portionen

25 g Butter

1 kleine Zwiebel, fein gehackt

2 frische Dessertäpfel, geschält, entkernt und grob gehackt

300 ml Hühnerbrühe (siehe Seite 12)

2 EL Calvados oder Brandy (nach Belieben)

6 Estragonzweige, Blätter grob gehackt

3 EL Crème fraîche

1 EL grobkörniger Senf

1 TL Dijonsenf

Salz und Pfeffer

1 Butter in einem Topf erhitzen. Zwiebel darin weich dünsten. Äpfel zugeben und 5 Minuten kochen, bis sie weich und leicht gebräunt sind.

2 Brühe und nach Belieben Calvados oder Brandy unterrühren und aufkochen. Zugedeckt bei mittlerer Hitze 10 Minuten köcheln. Die Mischung in das Rührgefäß der Küchenmaschine geben und zu einer feinen Sauce mixen. Sauce durch ein Sieb in einen sauberen Topf gießen.

3 Estragon, Crème fraîche, beide Senfsorten und etwas Salz und Pfeffer untermengen. Sauce 5 Minuten erhitzen und heiß servieren.

Meerrettichsauce

Frischer Meerrettich ist feurig-scharf, im Kühlschrank hält er sich gut. Er kann fein gerieben in Mayonnaise oder in ein Joghurt-Salatdressing gerührt werden. Fleisch- und Gemüseeintopfen verleiht er Biss. Meist serviert man Meerrettichsauce zu gebratenem Rind, aber sie schmeckt auch hervorragend zu gebackenem oder gebratenem Kabeljau, Lachs oder Rochen.

Vorbereitungszeit: 5 Minuten
6 Portionen

1 kleine längliche Meerrettichwurzel
1 TL feiner Zucker
1 EL Weißweinessig
150 ml Crème double
Salz

1 Meerrettich mit einem Gemüseschäler schälen und die Wurzel fein reiben. Sie benötigen 4 Esslöffel. Meerrettich mit Zucker und Essig in eine Schüssel geben und so lange rühren, bis sich der Zucker vollständig aufgelöst hat.

2 Crème double und 1 Prise Salz zugeben und mit dem Schneebesen oder elektrischen Handrührgerät so lange rühren, bis die Mischung beginnt fest zu werden. Meerrettichwurzeln sind unterschiedlich scharf. Rühren Sie zusätzlichen Meerrettich unter, falls die Sauce nicht scharf genug ist.

3 Sauce in eine Servierschüssel füllen und leicht abgedeckt bis zum Servieren kalt stellen.

Variation: Mögen Sie die Sauce süßer, geben Sie nur 1–2 Teelöffel Essig dazu und die doppelte Menge an Zucker.

Saucen zu Geflügel und Wild

Hähnchenfleisch kann wohl am vielseitigsten mit Saucen kombiniert werden. Wie auch Fisch entfaltet Hähnchen seinen Geschmack erst richtig mit delikaten Aromen wie Zitrone, Estragon, Kerbel und Tomaten. Sein zartes Fleisch bildet einen wunderbaren Kontrast zur Teuflischen Tomatensauce oder zur Grünen Thai-Sauce. Bereiten Sie das Hähnchen so zu, dass es zur Sauce passt. Eine leicht glänzende Pilzsauce etwa schmeckt gut zu pochierter oder gebratener Hähnchenbrust, während eine Currysauce einem gegrillten Knoblauchhähnchen das Fettaroma nimmt. Vergessen Sie nicht die diversen anderen Geflügel- und Wildsorten: Pute, Fasan, Ente, Gans oder Taube harmonieren mit cremiger Brotsauce, Walnusssauce oder Quitten- und Wacholdersauce. Sie schmecken übrigens nicht nur an Festtagen …

Auberginensauce aus der Griddle-Pfanne

Diese ungewöhnliche Sauce ist mild gewürzt und überlagert keine anderen Aromen. Wer es schärfer mag, kann sie mit einer fein gehackten roten oder grünen Chili verfeinern. Die Auberginen müssen kräftig angebraten werden, das gibt der Sauce Farbe und Geschmack.

Vorbereitungszeit: 15 Minuten
Garzeit: 30 Minuten
6–8 Portionen

½ TL Selleriesalz

1 TL mildes Chilipulver

400 g Auberginen, längs in Scheiben geschnitten

6 EL Sonnenblumenöl

1 große rote Zwiebel, gehackt

3 Knoblauchzehen, gehackt

1 EL schwarze Zwiebelsamen

1 TL gemahlener Bockshornklee

6–8 große Minzeblätter, gehackt

150 ml Gemüsebrühe (siehe Seite 12)

3 EL Paste aus sonnengetrockneten Tomaten

100 ml Crème fraîche

1 Eine Griddle-Pfanne erhitzen. Selleriesalz und Chilipulver mischen und die Auberginenscheiben damit einreiben. Eine Auberginenseite mit Öl beträufeln. Auberginen mit der eingeölten Seite nach unten in die Griddle-Pfanne legen und portionsweise braten.

2 Auberginen etwa 6 Minuten bräunen, dann wenden und mit Öl beträufeln.

3 Restliches Öl in einer großen Pfanne erhitzen. Zwiebel und Knoblauch darin 3 Minuten braten. Zwiebelsamen, Bockshornklee und Minze zugeben und 2 Minuten mitdünsten. Die Mischung in das Rührgefäß der Küchenmaschine geben, Auberginen zugeben und die Zutaten zu einem groben Mus vermengen.

4 Mischung in einen sauberen Topf geben und Brühe und Tomatenpaste zugeben. Unter Rühren erhitzen. Crème fraîche unterrühren und servieren.

Auberginensauce

Passt zu: gebratenem Hähnchen oder Hähnchenteilen, Pute oder Perlhuhn

Teuflische Tomatensauce Auch das einfachste Brathähnchen wird mit dieser scharf gewürzten Sauce zu einem kulinarischen Erlebnis.

Vorbereitungszeit: 15 Minuten
Garzeit: 20 Minuten
6 Portionen

500 g Tomaten
25 g Butter
1 kleine Zwiebel, gehackt
2 Knoblauchzehen, zerdrückt
1 EL Worcestersauce
2 EL grobkörniger Senf
fein geriebene Schale und Saft von 1 Zitrone
einige Thymianzweige
3 EL Mango-Chutney
Salz und Pfeffer
Sauerrahm zum Servieren

1 Die Tomaten enthäuten (siehe Seite 9). Anschließend klein schneiden.

2 Butter in einem großen Topf erhitzen. Zwiebel darin 3 Minuten weich dünsten. Knoblauch, Worcestersauce, Senf, Zitronenschale, -saft, Thymian, gehackte Tomaten, Mango-Chutney und etwas Salz und Pfeffer untermengen.

3 Die Zutaten 15 Minuten kochen, bis die Sauce eine dicke Konsistenz hat, dabei die Tomaten mit einem Holzlöffel etwas zerdrücken. Thymian herausnehmen und die Sauce eventuell nachwürzen. Einen Klecks Sauerrahm darauf geben und heiß servieren.

Cremige Brotsauce Diese gern vernachlässigte Sauce ist ein idealer Begleiter des einfachen Sonntagsbratens. Die Zutaten dafür finden Sie sicher in Ihrem Vorratsschrank. Wer den Geschmack von Nelken nicht mag, lässt sie einfach weg. Schneiden Sie dann die Zwiebeln klein und dünsten Sie diese in der Butter weich, bevor Sie die Sauce fertig garen.

Vorbereitungszeit: 10 Minuten
Garzeit: 15 Minuten
8 Portionen

2 Zwiebeln
8 Nelken
450 ml Vollmilch
2 Lorbeerblätter
150 g frische weiße Semmelbrösel
25 g Butter
1 EL grüne Pfefferkörner in Lake, abgetropft und leicht zerdrückt
frisch geriebene Muskatnuss
3 EL Crème double
Salz

1 Zwiebeln schälen, aber ganz lassen und mit den Nelken spicken. In einen Topf geben, Milch und Lorbeer hinzufügen. Milch knapp aufkochen lassen, dann bei schwacher Hitze 10 Minuten köcheln, damit die Aromen sich entfalten.

2 Zwiebeln aus der Milch nehmen und Semmelbrösel, Butter, Pfefferkörner und reichlich Muskatnuss unterrühren. Die Sauce in 5 Minuten eindicken.

3 Crème double unterrühren und mit Salz und Pfeffer würzen. Mit etwas Muskat bestreuen und heiß servieren.

Walnusssauce In einigen Mittelmeerländern und Ländern des Mittleren Ostens bilden ganze Nüsse die Grundlage von Saucen, die zu Fleisch, Hähnchen oder Fisch gereicht werden. Diese Saucen sind nie von ganz feiner Konsistenz, aber ihr Geschmack ist wundervoll, vor allem, wenn man Knoblauch und Gewürze zugibt.

Vorbereitungszeit: 15 Minuten
Garzeit: 10 Minuten
6 Portionen

2 EL Walnussöl
2 Schalotten, gehackt
275 g Walnusshälften
2 Scheiben Weißbrot, ohne Rinde
450–500 ml Hühnerbrühe (siehe Seite 12)
2 TL geräucherte Paprika
3 Knoblauchzehen, grob gehackt
Salz

1 Das Öl in einem kleinen Topf erhitzen und die Schalotten darin 3 Minuten weich dünsten. 25 g Walnüsse rösten, grob hacken und beiseite stellen.

2 Brot zerkleinern und mit 100 ml von der Brühe in eine Schüssel geben. 5 Minuten ruhen lassen.

3 Restliche Walnüsse in das Rührgefäß der Küchenmaschine geben und fein zerkleinern. Brot mit der Einweichflüssigkeit, Schalotten und Öl, Paprika und Knoblauch zugeben und zu einer glatten Sauce vermengen, nach und nach restliche 350 ml Brühe unterrühren.

4 Die Sauce wieder in den Topf geben und 3–5 Minuten erhitzen, eventuell zusätzliche Brühe zugeben. Nach Geschmack würzen, die gerösteten Walnüsse darüber streuen und heiß servieren.

Variation: Geräucherte Paprika ist kein Muss, aber sie verleiht dieser Sauce ein köstliches Aroma und gibt ihr eine warme Farbe. Alternativ können Sie normales Paprikapulver und schwarzen Pfeffer verwenden.

Schwarze-Bohnen-Sauce Gesalzene schwarze Bohnen erhalten Sie in Asialäden. Sie sind gewürzt und fermentiert und schon einige wenige geben dieser Sauce einen süß-scharfen Geschmack. Verwenden Sie auf gar keinen Fall normale schwarze Bohnen aus dem Glas oder getrocknete, sie haben ein ganz anderes Aroma.

Vorbereitungszeit: 15 Minuten
Garzeit: 8 Minuten
4 Portionen

1 TL Speisestärke

150 ml Hühnerbrühe (siehe Seite 12)

2 EL Sesamöl

1 EL gewürzter Reisweinessig

1 rote Chili, entkernt und fein gehackt

1 EL Sojasauce

2 EL gesalzene schwarze Bohnen

2 EL Pflanzenöl

2 Knoblauchzehen

15 g frischer Ingwer, geschält und fein gehackt

½ Bund Frühlingszwiebeln, fein gehackt

1 kleine grüne Paprika, entkernt und fein geschnitten

1 EL Sesamsamen

1 Speisestärke in eine kleine Schüssel geben und mit der Brühe verrühren. Sesamöl, Reisweinessig, Chili und Sojasauce unterrühren.

2 Schwarze Bohnen unter fließend kaltem Wasser abspülen. Das Öl in einer großen Pfanne oder im Wok erhitzen. Bohnen, Knoblauch, Ingwer, Frühlingszwiebeln und grünen Paprika zugeben und unter ständigem Rühren in 3–4 Minuten leicht bräunen.

3 Pfanne oder Wok vom Herd nehmen und die angerührte Speisestärken-Mischung und die Sesamsamen untermengen.

4 Pfanne oder Wok wieder auf den Herd stellen und unter Rühren so lange kochen, bis die Sauce eine dicke, glänzende Konsistenz hat. Eventuell nachwürzen und etwas zusätzliche Sojasauce unterrühren. Heiß servieren.

Schwarze-Bohnen-Sauce

Passt zu: kurz gebratenem Hähnchen, Pute oder Ente, aber auch zu kurz gebratenem Steak, Gemüse oder gedämpftem Fisch

Estragonsauce mit Senfsamen

Eine herrlich würzige Sauce, die gut zu kaltem Hähnchen-, Puten- oder Wildaufschnitt passt, der von einem Braten übrig geblieben ist.

Vorbereitungszeit: 5 Minuten, ohne Kühlzeit
Garzeit: 3–4 Minuten
4 Portionen

1 EL schwarze oder weiße Senfsamen

6 große Estragonzweige

fein geriebene Schale und Saft von 1 Limone

1 TL Englischer Senf

2 Frühlingszwiebeln, geputzt und grob gehackt

2 Knoblauchzehen, grob gehackt

2 TL feiner Zucker

100 ml Sonnenblumenöl oder leichtes Olivenöl

Salz

1 Die Senfsamen in einer Pfanne ohne Fett 3–4 Minuten erhitzen, bis die Samen aufbrechen. Estragonblätter von den Stängeln zupfen und mit den Senfsamen in das Rührgefäß der Küchenmaschine geben.

2 Limonenschale und -saft, Senf, Frühlingszwiebeln, Knoblauch, Zucker und etwas Salz zugeben und alle Zutaten zu einem feinen Mus zerkleinern. Eventuell Reste von den Seiten des Rührgefäßes kratzen.

3 Unter Weiterrühren nach und nach das Öl unterschlagen, bis die Sauce von glatter, dicker Konsistenz ist. Sauce in eine kleine Servierschüssel füllen und abgedeckt bis zum Verzehr kühl stellen.

Quitten-Wacholder-Sauce

Quitten sind gar nicht so leicht zu bekommen, aber vielleicht haben Nachbarn oder Freunde noch einen Quittenbaum in ihrem Garten. Zusammen mit den Wacholderbeeren lassen Quitten ein besonderes Aroma entstehen, das an Gin erinnert. Die Sauce schmeckt hervorragend zu Geflügel- und Wildgerichten.

Vorbereitungszeit: 15 Minuten
Garzeit: 20 Minuten
4–6 Portionen

2 TL Wacholderbeeren

500 g frische Quitten

4 EL Wasser

25 g feiner Zucker

fein geriebene Schale und Saft von ½ Zitrone

1 Wacholderbeeren mit einem Stößel oder mit dem Ende eines Nudelholzes fein zerdrücken.

2 Quitten schälen und entsteinen und mit den Wacholderbeeren und dem Wasser in einen Topf geben.

3 Zugedeckt die Quitten in etwa 20 Minuten weich garen. Den Topfinhalt durch ein Sieb in einen sauberen Topf gießen, dabei das Fruchtfleisch der Quitten gut ausdrücken, um so viel Saft wie möglich zu erhalten.

4 Zucker, Zitronenschale und -saft unterrühren, die Sauce so lange erhitzen, bis der Zucker vollständig aufgelöst ist. Warm oder kalt servieren.

Kürbis-Rosmarin-Sauce Wie bei vielen anderen Kürbisgerichten, geben auch hier erst aromatische Kräuter und Gewürze dieser Sauce ihren unverwechselbaren Geschmack. Frischer Rosmarin bereichert mit seinem warmen erdigen Aroma, während Ingwer und Chili dem faden Kürbisgeschmack Schwung verleihen. Reichen Sie dazu gebratene Pute oder Hähnchen, Schweinekoteletts oder Wildsteaks.

Vorbereitungszeit: 15 Minuten
Garzeit: 25 Minuten
6 Portionen

500 g Kürbis, entkernt
25 g Butter
1 Zwiebel, gehackt
4 große Rosmarinzweige
2 Knoblauchzehen, grob zerdrückt
¼ TL zerdrückte rote Chili
100 ml trockener Weißwein
250 ml Gemüse- oder Hühnerbrühe (siehe Seite 12)
1 Stück gedämpfter Ingwer aus dem Glas, fein gehackt
3 EL Crème fraîche
Salz und Pfeffer

1 Kürbis schälen und das Fleisch klein schneiden. Butter in einem großen Topf erhitzen und die Zwiebel darin in 3 Minuten weich dünsten.

2 Kürbis, Rosmarin, Knoblauch und Chilis zugeben und unter Rühren in 5 Minuten leicht bräunen. Wein, Brühe und Ingwer in den Topf geben und aufkochen lassen. Bei schwacher Hitze zugedeckt 15 Minuten köcheln, bis der Kürbis weich ist.

3 Rosmarinzweige herausnehmen. Die Mischung im Rührgefäß der Küchenmaschine oder mit einem elektrischen Mixer zu einer glatten Sauce verarbeiten. Crème fraîche unterrühren und mit Salz und Pfeffer abschmecken. Sauce erhitzen und servieren.

Grüne Thai-Sauce

Bei diesem einzigartigen Geschmack – frisch und leicht zugleich – ist es kein Wunder, dass thailändische Currys sich so großer Beliebtheit erfreuen. Die fein gemixte Sauce hält sich gut im Kühlschrank. Bereiten Sie doch gleich die doppelte Menge zu und bewahren Sie eine Hälfte für die nächste Woche auf.

Vorbereitungszeit: 10 Minuten
Garzeit: 25 Minuten
4 Portionen

2 Zitronengrasstängel, Enden abgeschnitten und klein geschnitten

50 g frischer Ingwer, geschält und grob gehackt

4 Knoblauchzehen, grob gehackt

1 Zwiebel, grob gehackt

2 scharfe grüne Chilis, entkernt und gehackt

1 großes Bund Koriander (etwa 25 g)

½ TL gemahlene Kurkuma

1 TL gemahlener Kreuzkümmel

2 EL Wasser

1 EL feiner Zucker

1 EL Thai-Fischsauce

1 EL Limonensaft

400 ml Kokosmilch aus der Dose

Salz

1 Zitronengras, Ingwer, Knoblauch, Zwiebel, Chilis, Koriander, Kurkuma und Kreuzkümmel in das Rührgefäß der Küchenmaschine geben. Wasser zugeben und die Zutaten zu einer sehr feinen Paste vermengen.

2 Zucker, Fischsauce und Limonensaft unterrühren. Paste in eine Schüssel füllen, abdecken und kalt stellen, wenn Sie nicht sofort gegessen werden soll.

3 Kokosmilch in einen Topf geben. Aufkochen und 10–15 Minuten köcheln, bis die Flüssigkeit auf etwa ein Drittel reduziert ist. Sie sollte so dick sein, dass sie den Rücken eines Holzlöffels dünn bedeckt.

4 Currypaste in den Topf geben und unter die Kokosmilch rühren. Bei schwacher Hitze die Sauce 10 Minuten kochen. Mit Salz würzen und heiß servieren.

Grüne Thai-Sauce

Passt zu: gebackener oder gebratener Hähnchenbrust, Garnelen oder Gemüsenudeln, alternativ können Sie in Schritt 4 des Rezeptes gewürfeltes rohes Hähnchen dazugeben

Orangen-Cranberry-Sauce mit Zimt

Cranberrys werden auch Moosbeeren genannt. Sie sind eng mit der Preiselbeere verwandt, die Sie alternativ für dieses Rezept verwenden können.

Vorbereitungszeit: 5 Minuten
Garzeit: 15 Minuten
8–10 Portionen

250 g frische oder tiefgekühlte Cranberries

1 Zimtstange

fein geriebene Schale und Saft von einer großen Orange

3 EL Orangenmarmelade

50 g heller Muscovado-Zucker

50 ml Wasser

50 ml Cointreau oder anderer Orangenlikör

1 Cranberrys in einen Topf geben und Zimt, Orangenschale, -saft, Orangenmarmelade, Zucker und Wasser zugeben.

2 Langsam unter Rühren erhitzen, bis der Zucker sich vollständig aufgelöst hat. Anschließend unter Rühren 15 Minuten köcheln bzw. so lange, bis die Cranberrys aufgeplatzt sind und die Sauce leicht eingedickt ist. (Sie dickt während des Abkühlens weiter ein.)

3 Die Sauce vollständig abkühlen lassen, dann die Zimtsstange entfernen. Zugedeckt bis zum Servieren kalt stellen.

Variationen: Statt Zimt können Sie frisch geriebenen Ingwer oder etwas Piment verwenden. Orangenlikör kann durch Portwein ersetzt werden. Sie können den Alkohol aber auch ganz weglassen und stattdessen Orangensaft verwenden.

Kidneybohnen-Sauce mit Okraschoten

Diese dickliche, eher grobe Sauce ist so würzig, dass sie bereits pur gut schmeckt. Noch besser ist sie jedoch, wenn Sie sie zu in Kräuter gebratenem Hähnchen oder knuspriger Entenbrust servieren. Reste können Sie auf Toastbrot streichen und mit Schmelzkäse belegen.

Vorbereitungszeit: 10 Minuten
Garzeit: 20 Minuten
6 Portionen

125 g Okraschoten

3 EL Olivenöl

1 Zwiebel, fein gehackt

2 Knoblauchzehen, in dünne Scheiben geschnitten

2 Lorbeerblätter

400 g gehackte Tomaten aus der Dose

2 TL Pfeffer- oder Tabascosauce

1 TL feiner Zucker

200 g rote Kidneybohnen aus der Dose, abgespült und abgetropft

100 ml Gemüse- oder Hühnerbrühe (siehe Seite 12)

Salz

1 Die Enden der Okraschoten abschneiden, dann quer in 1 cm dicke Scheiben schneiden. Öl in einem Topf erhitzen und Okraschoten, Zwiebel, Knoblauch und Lorbeer 5 Minuten darin dünsten, bis die Zwiebel weich ist.

2 Tomaten, Pfeffer- oder Tabascosauce, Zucker, Kidneybohnen und Brühe zugeben. Aufkochen und bei sehr schwacher Hitze zugedeckt 15 Minuten köcheln lassen.

3 Eventuell mit etwas Salz nachwürzen und warm servieren.

Ingwersauce mit Sesam und Sternanis

Wie viele asiatische Saucen ist auch diese geschmackvolle Ingwersauce fettarm und gesund – ideal für eine bekömmliche, leichte Mahlzeit. Sie bereichert pochiertes oder gebratenes Hähnchen, Ente, Taubenbruste und mundet ebenso vorzüglich zu gedämpften Fisch.

Vorbereitungszeit: 5 Minuten
Garzeit: 10 Minuten
4 Portionen

50 g frischer Ingwer

2 EL Sesamsamen

1 EL Pflanzenöl

1 EL Sesamöl

½ Bund Frühlingszwiebeln, in dünne Scheiben geschnitten

2 Knoblauchzehen, in dünne Scheiben geschnitten

100 ml Gemüse- oder Hühnerbrühe (siehe Seite 12)

4 EL Austernsauce

2 EL Reisweinessig

4 ganze Sternanis

1 TL feiner Zucker

100 g kleine Austernpilze

1 Ingwer schälen und die Hälfte in hauchdünne Scheiben schneiden. Scheiben quer in feine Streifen schneiden und in eine kleine Schüssel geben. Restlichen Ingwer reiben. Über der Schüssel geriebenen Ingwer fest ausdrücken, um so viel Saft wie möglich herauszubekommen. Saft, der auf das Schneidebrett getropft ist, ebenfalls in die Schüssel geben.

2 Einen kleinen Topf erhitzen und die Sesamsamen darin 2 Minuten leicht rösten. Herausnehmen und beiseite stellen.

3 Beide Ölsorten im Topf erhitzen und Frühlingszwiebeln und Knoblauch darin 1 Minute dünsten. Brühe, Austernsauce, Essig, Sternanis, Zucker, Ingwerstreifen und Saft hineingeben und aufkochen. Zugedeckt 5 Minuten köcheln lassen.

5 Pilze untermengen und 1 Minute erhitzen. Vor dem Servieren die Sesamsamen darüber streuen.

Saucen zu Desserts

In diesem Kapitel finden Sie die köstlichen süßen Saucen, die allen Arten von Desserts das gewisse Etwas verleihen. Wohl jedem schmeckt eine dunkle und leckere Schokoladensauce zu heißem Schokoladenkuchen, Pfannkuchen oder Windbeuteln. Ein einfacher Flan gewinnt, wenn man dazu den süß-klebrigen Geschmack einer Zitronen-Buttersauce, Karamell- oder Haselnusssauce im Munde spürt. Wer es leichter mag, kann eine edle Fruchtsauce oder eine Zimt-Sabayon zum Dessert reichen. Schnell gemacht und vielseitig einsetzbar sind diese Saucen der Traum aller Dessertliebhaber. Eine köstliche süße Sauce hebt auch einen Becher Joghurt oder eine Portion Eiscreme.

Glänzende Schokoladensauce Eine gute Schokoladensauce sollte fein-cremig sein, richtig glänzen und natürlich wie echte Schokolade auf der Zunge zergehen. Verwenden Sie eine Schokolade, die etwa 70 Prozent Kakao enthält, das verleiht der Sauce Aroma und Glanz. Erhitzen Sie die Sauce nicht zu stark, damit ihre Konsistenz nicht körnig wird.

Vorbereitungszeit: 5 Minuten
Garzeit: 2–3 Minuten
5–6 Portionen

125 g feiner Zucker
125 ml Wasser
200 g dunkle Schokolade
25 g Butter

1 Zucker und Wasser in einen kleinen Topf geben. Bei schwacher Hitze unter Rühren mit einem Holzlöffel den Zucker vollständig auflösen.

2 Zuckersirup aufkochen und dann 1 Minute kochen. Topf vom Herd nehmen und den Sirup 1 Minute abkühlen lassen. Schokolade in kleine Stücke brechen oder hacken und in den Topf geben.

3 Butter zugeben und warten, bis Butter und Schokolade geschmolzen sind und die Sauce fein-glänzend aussieht. Schmilzt die Butter nicht vollständig oder möchten Sie die Sauce warm servieren, alles nochmals kurz bei ganz schwacher Hitze erwärmen.

Glänzende Schokoladensauce

Passt zu: Eiscreme, Windbeuteln, heißem Pudding und pochierten Birnen

Weiße Schokoladensauce mit Minze

Wenn Sie die weiße Schokolade in Minzesirup schmelzen, besteht keine Gefahr, dass sie klumpt. Verwenden Sie eine qualitativ hochwertige Sorte, denn billige sind meist zu süß.

Vorbereitungszeit: 5 Minuten, ohne Ruhezeit
Garzeit: 3 Minuten
4 Portionen

15 g Minzeblätter
1 EL feiner Zucker
4 EL Wasser
150 g weiße Schokolade, gehackt
150 ml Crème double

1 Die Minzeblätter von den Zweigchen zupfen und mit Zucker und Wasser in einen kleinen Topf geben. So lange erhitzen, bis der Zucker sich vollständig aufgelöst hat und die Minzeblätter zusammenfallen. Aufkochen lassen. Topf vom Herd nehmen und den Sirup 5 Minuten ruhen lassen, anschließend die Minze herausnehmen, den Sirup aus den Blättern in den Topf pressen.

2 Gehackte Schokolade untermengen und in 2 Minuten schmelzen lassen, dabei rühren, bis eine glatte Sauce entsteht.

3 Crème double zugeben. Kurz erhitzen, wenn Sie die Sauce warm servieren möchten, ansonsten in einen Krug füllen und abkühlen lassen. Die Sauce dickt während des Abkühlens ein, vor allem, wenn sie im Kühlschrank steht. Servieren Sie Schokoladensauce zu pochierten Früchten, etwa Birnen und Pfirsichen, oder gießen Sie sie über dunklen Schokoladenpudding, Soufflés oder Eiscreme.

Variationen: Anstelle von weißer Schokolade können Sie einfache dunkle Schokolade verwenden. Oder kochen Sie beide und bereiten Sie ein besonderes Dessert zu, indem Sie weiße und braune Sauce mit einer Gabel verrühren und hübsche Muster ziehen.

Butter-Haselnuss-Sirup

Große Stücke gerösteter Haselnüsse, die in einer feinen Karamellsauce baden: eine köstliche Kombination, die gewöhnliche Zutaten vervollkommnet und perfekt für einen schnellen Nachtisch ist.

Vorbereitungszeit: 5 Minuten
Garzeit: 10 Minuten
4–5 Portionen

50 g ganze blanchierte Haselnüsse
75 g feiner brauner Zucker
100 ml Wasser, zusätzlich 3 EL
fein geriebene Schale von 1 kleinen Orange
40 g Butter

1 Die Nüsse nicht zu klein hacken und in einer Pfanne ohne Fett oder unter dem Grill kurz rösten.

2 Zucker und 100 ml Wasser in einen kleinen Topf geben und so lange erhitzen, bis sich der Zucker vollständig aufgelöst hat. Aufkochen und kurze Zeit kochen, bis der Sirup eine tiefgoldene Karamellfarbe hat. Den Topfboden in kaltes Wasser tauchen, damit der Sirup nicht weiterkocht.

3 Drei Esslöffel kaltes Wasser in den Topf geben, Haselnüsse, Orangenschale und Butter zugeben. Topf auf den Herd stellen und unter Rühren mit einem Holzlöffel erhitzen, bis die Sauce eine glatte Konsistenz hat. Warm zu Pfannkuchen, Muffins, gebackenen Bananen oder Bratäpfeln servieren.

Karamell-Fondant-Sauce

Muscovado-Zucker und Kondensmilch geben dieser Sauce ihr unverwechselbares köstliches Aroma. Für alle, die es lieben, wenn Desserts in cremigen, süßen Seen schwimmen. Schmeckt gut zu warmem Bananenkuchen oder -pudding, auch zu cremigem Sahnejoghurt oder Apfelkuchen.

Vorbereitungszeit: 5 Minuten
Garzeit: 5 Minuten
4–6 Portionen

75 g Butter

150 g heller Muscovado-Zucker

175 g Kondensmilch aus der Dose

1 Butter würfeln und mit dem Zucker in einen kleinen Topf geben. Unter Rühren mit einem Holzlöffel langsam erhitzen, bis der Zucker sich vollständig aufgelöst hat und die Butter geschmolzen ist. Aufkochen und etwa 2 Minuten sprudelnd kochen lassen.

2 Topf vom Herd nehmen. Kondensmilch unterrühren. Topf wieder auf den Herd stellen, die Sauce aufkochen und 1 Minute kochen lassen. Sie sollte dann glatt sein und glänzen. In eine Servierschüssel füllen und heiß servieren.

Frische Ingwersauce

Frischer Ingwer schmeckt gut in Kuchen, Desserts und Saucen, auch wenn er in erster Linie für schmackhafte asiatische und indische Gerichte verwendet wird. Sein frisch-würziges Aroma sickert unwiderstehlich in warmen Biskuit und gebackene Früchte. Besonders lecker ist frische Ingwersauce mit warmen Apfel-, Birnen- oder Mandeltartes.

Vorbereitungszeit: 5 Minuten
Garzeit: 8 Minuten
4–6 Portionen

50 g frischer Ingwer, geschält

50 g feiner brauner Zucker

150 ml Apfelsaft

2 EL Limonensaft

300 ml Crème double

1 Den Ingwer reiben und in einen kleinen Topf mit schwerem Boden geben. Reste von der Reibe und vom Schneidebrett mit hineingeben. Zucker und Apfelsaft zugeben und so lange erhitzen, bis sich der Zucker vollständig aufgelöst hat. Aufkochen und in 3 Minuten zu einem Sirup einkochen.

2 Die Mischung durch ein Sieb in einen sauberen Topf geben, dabei das Fruchtfleisch durch das Sieb drücken, damit der ganze Saft herauskommt.

3 Limonensaft und Crème double zugeben, aufkochen und 2–3 Minuten aufkochen lassen, bis die Sauce leicht eingedickt ist. Die Sauce in eine Sauciere gießen und abkühlen lassen.

Sabayon mit Zimt

Süß-schaumige Sabayon ist für sich schon ein Dessert, eignet sich jedoch auch als luftig leichte Sauce. Sie darf erst kurz vor dem Verzehr zubereitet werden, da sie recht schnell zusammenfällt. Aber Sie können vorher schon alle Zutaten abwiegen und bereitstellen und die Sauce dann rasch zubereiten, bevor Sie sie servieren wollen.

Vorbereitungszeit: 5 Minuten
Garzeit: 10 Minuten, ohne Ruhezeit
5–6 Portionen

¼ TL gemahlener Zimt
4 EL kaltes Wasser
4 EL Kaffeelikör
4 Eigelb
25 g feiner Zucker

1 Zimt und kaltes Wasser in einer großen hitzebeständigen Schüssel verrühren. Kaffeelikör, Eigelb und Zucker unterrühren.

2 Die Schüssel auf einen Topf mit köchelndem Wasser stellen. Dabei darf der Boden der Schüssel nicht mit dem Wasser in Berührung kommen.

3 Mit einem Schneebesen oder elektrischen Handrührgerät mit Rührbesen die Zutaten 5 Minuten schaumig schlagen. Es sollte eine Spur zu sehen sein, wenn Sie den Schneebesen herausnehmen.

4 Als heiße Sauce sofort servieren. Soll sie kalt sein, nehmen Sie die Schüssel vom Topf und schlagen Sie die Sauce weitere 2–3 Minuten: Vor dem Servieren 10 Minuten ruhen lassen.

Variationen: Für eine Sabayon mit Orangenlikör verwenden Sie statt Zimt und Kaffeelikör Cointreau, Grand Marnier oder einen anderen Likör mit Orangenaroma. Mögen Sie es cremiger, rühren Sie 150 ml Sahne unter. So lange schlagen, bis Spitzen am Schneebesen hängen bleiben.

Sabayon mit Zimt

Passt zu: Apfel-, Birnen- oder Pflaumentartes, Mandelpudding, Obstsalat oder als Dessert mit Biskuits in einem hohen Glas

Mango-Passionsfrucht-Sauce mit Rum

Aus Obstsorten, die sich grob pürieren lassen, kann man schnell und leicht Saucen zubereiten. Greifen Sie zu einer reifen und saftigen Mango und kombinieren Sie sie mit Passionsfrüchten und Rum. Diese Sauce schmeckt besonders gut mit tropischen Früchten oder zu Vanille-Käsekuchen, Bananenkuchen und Eiscreme.

Vorbereitungszeit: 10 Minuten, ohne Kühlzeit
3–4 Portionen

1 große Mango, gekühlt

2 Passionsfrüchte

Saft von ½ Orange

2 EL Rum

1 Mango halbieren und entsteinen. Das Fruchtfleisch herausschneiden und in das Rührgefäß der Küchenmaschine geben. Passionsfrüchte halbieren und das Fruchtfleisch durch ein Sieb streichen, um den Saft zu gewinnen.

2 Passionsfrucht- und Orangensaft in das Rührgefäß geben und Rum zugießen. Obst und Saft zu einer feinen Sauce pürieren, eventuell Reste von den Seiten des Rührgefäßes kratzen. Sauce in eine Saucière füllen und bis zum Servieren kalt stellen.

Früchtetraum

Kocht man Sommerfrüchte mit etwas Zucker, verwandeln sie sich in eine köstliche Sauce, die für sich allein oder mit einer Kugel Eis schon ein Genuss ist. Noch besser: Reichen Sie dazu Vanille- oder Softeis, Joghurt, Biskuit oder Crêpes und rühren Sie etwas Orangen- oder Kirschlikör unter.

Vorbereitungszeit: 5 Minuten
Garzeit: 5 Minuten
6 Portionen

500 g gemischte Sommerfrüchte, z. B. Erdbeeren, Himbeeren, Brombeeren, rote oder schwarze Johannisbeeren

25 g feiner Zucker

1 Erdbeeren entstielen. Johannisbeeren mit einer Gabel von den Rispen streifen.

2 Früchte und Zucker in einen großen Topf geben, etwas Wasser zugeben. Etwa 5 Minuten köcheln, dabei immer wieder umrühren, bis das Obst weich ist. Heiß servieren.

Syllabub mit Zitrone und Wodka

Syllabub ist ein schaumiges Cremedessert, das hervorragend zu Baisers oder Buttergebäck passt. Sie schmeckt auch wunderbar zu Sommerobstsalaten, Tarte Tatin, warmen Obsttartes oder einem Trifle.

Vorbereitungszeit: 10 Minuten, ohne Ruhezeit
4–6 Portionen

150 ml Dessertwein

3 EL Wodka

Saft von 1 großen Zitrone

50 g feiner Zucker

300 ml Crème double

1 Wein, Wodka, Zitronensaft und Zucker verrühren und 10 Minuten ruhen lassen, ab und zu umrühren, damit der Zucker sich vollständig auflöst.

2 Crème double mit dem Schneebesen oder elektrischen Handrührgerät mit Rührbesen so lange schlagen, bis Spitzen am Schneebesen hängen bleiben.

3 Während des Rührens der Crème double nach und nach die Wein-Mischung unterschlagen, bis weiche Spitzen am Schneebesen hängen bleiben. Dessert in Gläser füllen und sofort servieren oder bis zum Servieren kalt stellen.

Brandy-Butter

Auch wenn Sie dieses Rezept mit den unterschiedlichsten Aromen anreichern können, etwa mit geriebener Schale von Zitrusfrüchten oder Gewürzen, geht doch nichts über die einfachste Form der Brandy-Butter – so servieren Sie die Engländer am liebsten zu ihrem Christmas Pud. Sie passt auch gut zu Pfannkuchen oder Backäpfeln.

Vorbereitungszeit: 10 Minuten, ohne Kühlzeit
6–8 Portionen

125 g weiche Butter

75 g feiner brauner Zucker

4–5 EL Brandy

1 Butter in eine Schüssel geben und mit dem Schneebesen oder einem elektrischen Handrührgerät mit Rührbesen cremig aufschlagen.

2 Zucker und Brandy unterrühren, so lange rühren, bis die Butter leicht cremig ist. Sauce in eine kleine Servierschüssel geben, abdecken und bis zu 1 Woche kalt stellen. Butter 30 Minuten vor dem Verzehr aus dem Kühlschrank nehmen.

Variationen: Rum, Drambuie oder ein Orangenlikör können statt Brandy verwendet werden.

Rote Obstcoulis Zwei oder drei Sommerfruchtsorten zu einem feinen und farbenfrohen Püree verrührt ergeben eine herrliche Sauce für alle Arten von Sommerdesserts. Einen wunderschöne Dekoration erhalten Sie, wenn Sie etwas Coulis auf die Servierteller oder auf die Tellerränder tröpfeln.

Vorbereitungszeit: 10 Minuten, ohne Kühlzeit
6–8 Portionen

3 EL feiner Zucker

etwa 50 ml kochendes Wasser

500 g reife Sommerfrüchte, z. B. Erdbeeren, Himbeeren und rote Johannisbeeren

2–3 TL Zitronensaft

1 Zucker in eine kleine Schale geben und das kochende Wasser darüber gießen. So lange rühren, bis sich der Zucker vollständig aufgelöst hat, dann abkühlen lassen.

2 Die Johannisbeeren mit einer Gabel von den Rispen streifen. Erdbeeren entstielen. Obst in das Rührgefäß der Küchenmaschine geben und zu einem glatten Püree verarbeiten, eventuell Reste von den Seiten des Gefäßes kratzen. Zuckermischung unterrühren.

3 Die Sauce mit dem Rücken eines Metalllöffels durch ein Sieb in eine Schüssel streichen, damit so viel Saft wie möglich aufgefangen wird.

4 Zitronensaft unterrühren, dann die Coulis in einen Krug geben. Zum Servieren ein wenig von der Coulis auf jeden Teller geben, Teller leicht kippen, damit die Coulis verläuft. Alternativ mit einem Esslöffel die Sauce als Band an den Rand der Teller träufeln.

Variationen: Ersetzen Sie 200 g der Früchte durch schwarze Johannisbeeren oder Maulbeeren und geben Sie 2–3 Esslöffel Cassis oder Orangenlikör dazu. Möchten Sie eine herbstlich angehauchte Coulis zubereiten – sie passt hervorragend zu Apfel- und Bananendesserts – verwenden Sie nur Brombeeren und doppelt so viel Zucker.

Rote Obstcoulis

Passt zu: Schoko-Käsekuchen, Vanilleeis, Pfannkuchen und Obsttartes

Kaffeebohnensauce

Garnieren Sie mit diesem feinen Kaffeesirup besondere Desserts. Schokoladensoufflés oder -tartes, Schokoladen-, Mokka- oder Vanilleeis werden mit dieser Sauce zum krönenden Abschluss eines Menüs.

Vorbereitungszeit: 3 Minuten, ohne Ruhezeit
Garzeit: 8 Minuten
6 Portionen

250 g brauner Zucker

250 ml Wasser

25 g dunkel geröstete Kaffeebohnen

1 EL Zitronensaft

1. Den Zucker in einen kleinen Topf geben, Wasser zufügen. Unter Rühren erhitzen, bis der Zucker sich vollständig aufgelöst hat.
2. Sirup aufkochen, dann bei schwacher Hitze Kaffeebohnen und Zitronensaft unterrühren. Sirup 5 Minuten köcheln lassen, Topf vom Herd nehmen und den Sirup 5 Minuten ruhen lassen.
3. Die Kaffeebohnen mit einem Schaumlöffel herausnehmen und die Sauce kalt oder warm servieren.

Orangen-Mascarpone-Creme

Mit diesem Rezept wird jedes einfache Dessert zu etwas Außergewöhnlichem. Probieren Sie einige Löffel davon auf warmem Mandel- oder Vanillepudding, zu gebackenen oder pochierten Früchten oder frisch geschnittenem Obst, etwa Melone. Verfeinern Sie die Sauce mit drei Esslöffeln Orangenlikör, Rum oder Wodka.

Vorbereitungszeit: 5 Minuten, ohne Kühlzeit
Garzeit: 3 Minuten
6 Portionen

fein geriebene Schale und Saft von 1 Orange

4 EL grobe oder feine Orangenmarmelade

250 g Mascarpone-Käse

150 ml Schlagsahne

1. Orangenschale und -saft mit der Marmelade in einen kleinen Topf geben und bei schwacher Hitze unter Rühren so lange köcheln, bis die Marmelade fein genug ist. In eine Schüssel geben und 5 Minuten abkühlen lassen.
2. Mascarpone untermengen, zum Schluss die Sahne unterrühren.
3. In eine Servierschüssel füllen und bis zum Servieren kalt stellen.

Frische Zitronenbutter-Sauce

Eine köstliche Sauce, die an eine Crêpe-Suzette-Sauce erinnert. Der wichtige Unterschied besteht darin, dass sie mehr Zitrone enthält und dadurch etwas frischer schmeckt. Sie können die Sauce gut im Voraus zubereiten und vor dem Servieren kurz erhitzen. Reichen Sie die Zitronenbutter-Sauce zu Biskuit, Mandeltartes, Crêpes oder Waffeln.

Vorbereitungszeit: 5 Minuten
Garzeit: 7 Minuten
4 Portionen

3 Zitronen
75 g brauner Zucker
Saft von 1 Orange
50 g Butter
3 EL Zitronen- oder Orangenlikör
(nach Belieben)

1 Von 1 Zitrone die Schale abschälen und mit einem scharfen Messer in feine Streifen schneiden. Den Saft aus den Zitronen pressen.

2 Zucker mit der Hälfte des Zitronensaftes und der Zitronenschale in eine Pfanne geben. Unter Rühren erhitzen, bis der Zucker sich vollständig aufgelöst hat. Aufkochen und so lange kochen, bis der Sirup beginnt gold braun zu werden, das dauert etwa 2–3 Minuten.

3 Restlichen Zitronensaft, Orangensaft und Butter zugeben, so lange unter Rühren erhitzen, bis die Butter geschmolzen ist. Nach Belieben Likör unterrühren und die Sauce 2 Minuten sprudelnd kochen lassen, bis sie zu einem schweren Sirup wird. Warm servieren.

Vanillesauce Fein und cremig: Vanillesauce schmeckt immer wieder lecker und ist es wert, selbst zubereitet zu werden. Sie können je nach Geschmack die Menge von Sahne und Milch variieren. In diesem Rezept verwenden wir halb Sahne, halb Milch, damit der Geschmack sich voll entfalten kann.

Vorbereitungszeit: 10 Minuten, ohne Durchziehzeit
Garzeit: 10–15 Minuten
6 Portionen

1 Vanilleschote, längs eingeschnitten
300 ml Vollmilch
300 ml Schlagsahne
6 Eigelb
25 g feiner Zucker

1 Vanilleschote mit Milch und Sahne in einen Topf geben und langsam aufkochen. Topf vom Herd nehmen und 15 Minuten ziehen lassen.

2 Eigelb und Zucker mit einem Schneebesen in einer Schüssel zu einer blassgelben Masse aufschlagen. Vanilleschote aus dem Topf nehmen, Kerne herauskratzen und in den Topf geben.

3 Milch-Sahne zur Eigelbmischung geben und gut vermengen. Mischung in einen sauberen Topf geben und bei mittlerer Hitze so lange köcheln, bis der Rücken eines Holzlöffels dünn bedeckt ist. Während des Köchelns ab und zu mit dem Holzlöffel umrühren. Nach 5–10 Minuten ist die Sauce fertig. Erhitzen Sie die Sauce nicht zu stark, sie könnte gerinnen. Warm servieren.

Variationen: Für eine Schokoladensauce lassen Sie die Vanilleschote weg und rühren stattdessen 50 g gehackte einfache dunkle Schokolade in die Sauce, sobald diese beginnt einzudicken. So lange rühren, bis die Schokolade geschmolzen ist. Für eine Kaffeesauce verzichten Sie ebenfalls auf die Vanilleschote und verwenden stattdessen einen Esslöffel Instant-Espressopulver. Rühren Sie dieses in die heiße Milch. Wer keine Vanilleschote hat, kann zwei Teelöffel Vanillezucker unterrühren.

Vanillesauce

Passt zu: Flan und Fruchtkuchen

Register

Aïoli 23
Anchovis-Walnuss-Sauce 32
Apfelsauce 91
Auberginensauce aus der Griddle-Pfanne 98, 99
Balsamico 79
Béchamelsauce 16–19
Beurre blanc 29
Beurre manié 8
Birnen-Pflaumen-Sauce mit Cider 87
Bohnen
Kidneybohnen-Sauce mit Okraschoten 108
Schwarze-Bohnen-Sauce 102, 103
Bouquet garni 9
Brandy-Butter 119
Brühe 4, 10-13
Aufbewahrung von Brühe 13
Brunnenkresse-Sauce 69
Butter 4
Brandy-Butter 119
Butter-Haselnuss-Sirup 114
Frische Kräuterbutter 34
Garnelenbutter 36
Meerrettichbutter 36
Zitronenbutter-Sauce 123
Ciabatta 60
Chilis
Chilibutter 37
Kichererbsen-Chili-Sauce 42
Scharf-saure Chilisauce 46
Chorizo-Tomaten-Sauce 78
Coulis
Gemüse-Coulis 68
Rote Obstcoulis 120, 121
Tomaten-Coulis 68
Cranberrysauce mit Zimt und Orange 108
Cremige Brotsauce 100
Cumberland-Sauce 86
Desserts 110–125
Dill
Dill-Senf-Sauce 75
Räucherlachssauce mit Dill 58, 59
Eier 5
Eigelb 8, 9
Estragon
Estragon-Sahne-Sauce 80, 81
Estragonsauce mit Senfsamen 104
Feine Sauerampfersauce 18
Fenchel
Fenchel-Mascarpone-Sauce 43
Fenchel-Pancetta-Sauce 75
Fisch 64–81
Fischbrühe 13
Fischsaucen 64–81
Fleisch
Saucen zu Fleisch 82–95
Frische Ingwersauce 115
Frische Kräuterbutter 34
Frische Venusmuschelsauce 61
Frische Zitronenbutter-Sauce 123
Früchte
Birnen-Pflaumen-Sauce mit Cider 87
Cranberrysauce mit Zimt und Orange 108
Früchtetraum 118
Indische Masala-Sauce 70
Mango-Passionsfrucht-Sauce mit Rum 118
Orangen-Mascarpone-Creme 122
Pikante Frucht-Nuss-Sauce 47
Quitten-Wacholder-Sauce 104
Rote Obstcoulis 120, 121
Scharfe Pflaumensauce 84, 85
Garnelenbutter 36
Garnelensauce 71
Gebackene Paprikasauce 52
Geflügel
Hühnerbrühe 12
Saucen zu Geflügel 96–109
Gemüsebrühe 12
Gemüse-Coulis 68
Gemüsesaucen 38–47
Glänzende Schokoladensauce 112, 113
Grüne Thai-Sauce 106, 107
Grüne Pfeffersauce 24
Honig-Pilz-Sauce mit Balsamico 79
Hühnerbrühe 12
Indische Masala-Sauce 70
Ingwer
Ingwer-Orangen-Sauce 31
Ingwersauce mit roten Johannisbeeren 94
Sauce Hollandaise mit roter Paprika und Thymian 27
Kaffeebohnensauce 122
Kapern
Sauce Hollandaise 26, 27
Oliven-Kapern-Tapenade 57
Karamell-Fondant-Sauce 115
Kichererbsen-Chili-Sauce 42
Kidneybohnensauce mit Okraschoten 108
Klumpige Sauce retten 9
Knoblauch
Aïoli 23
Knoblauch-Mandel-Sauce 74
Knoblauch-Parmesan-Sauce mit Ciabatta 60
Kokosnusssauce mit Koriander 18
Kräuter 5
Brunnenkresse-Sauce 69
Dill-Senf-Sauce 75
Estragon-Sahne-Sauce 80, 81
Estragonsauce mit Senfsamen 104
Frische Kräuterbutter 34
Kokosnusssauce mit Koriander 18
Kürbis-Rosmarin-Sauce 105
Räucherlachssauce mit Dill 58, 59
Sauce Hollandaise mit Kapern und Kräutern 28
Sauce Hollandaise mit roter Paprika und Thymian 27
Küchengeräte 7
Kürbis-Rosmarin-Sauce 105
Lammbrühe 11
Mandeln 74
Mango-Passionsfrucht-Sauce mit Rum 118
Mayonnaise 22–25
Meeresfrüchte-Sauce 25
Meerrettich
Meerrettichbutter 36
Meerrettichsauce 95
Mehlbutter 8

Mehlschwitze 8
Minzesauce 91
Normannische Apfelsauce 94
Öle 5
Oliven-Kapern-Tapenade 57
Orangen-Mascarpone-Creme 122
Paprika
Gebackene Paprikasauce 52
Rote-Paprika-Butter mit Serrano-Schinken 35
Sauce Hollandaise mit roter Paprika und Thymian 27
Pastasaucen 48–63
Pesto 53
Petersiliensauce 20, 21
Pfanne 6, 7
Pfeffersauce 90
Pikante Frucht-Nuss-Sauce 47
Pikante Gazpacho-Sauce 46
Pikante Wurstsauce 62, 63
Pilze
Pilz-Marsala-Sauce mit Hähnchenleber 60
Wildpilzsauce 19
Porreesauce mit Muskat 90
Pürieren 9
Quitten-Wacholder-Sauce 104
Räucherlachssauce mit Dill 58, 59
Reduzieren 9
Rinderbrühe 10, 11
Rote Obstcoulis 120, 121
Rote-Paprika-Butter mit Serrano-Schinken 35
Rotwein-Bratensauce 86
Rouille 66, 67
Roux 8
Sabayon mit Zimt 116, 117
Safran-Sahne-Sauce 78
Sahne 5, 8
Salsa verde 42
Satay-Sauce 92, 93
Sauce Béarnaise 28
Sauce Bolognese 54, 55
Sauce Chasseur 33
Sauce Espagnole 30
Sauce Gribiche 40, 41
Sauce Hollandaise 26–29
Sauce Hollandaise mit Kapern und Kräutern 28
Sauce Hollandaise mit roter Paprika und Thymian 27
Sauce Puttanesca 50, 51
Sauce Soubise 19
Sauce Tartare mit grünen Pfefferkörnern 24
Sauce Thermidor 76, 77
Sauce verte 24
Sauce vierge 72, 73
Scharfe Harissa-Sauce 44, 45
Scharfe Pflaumensauce 84, 85
Scharf-saure Chilisauce 46
Schokoladensaucen 112, 113
Schwarze-Bohnen-Sauce 102, 103
Schwere Käsesauce 17
Siebe 7
Sommerfrüchte 118, 120, 121
Speck-Zwiebel-Sauce 32
Speisestärke 8
Syllabub mit Zitrone und Wodka 119
Tomaten
Teuflische Tomatensauce 100
Tomaten häuten 9
Tomaten-Coulis 68
Tomaten-Pancetta-Sauce 52
Töpfe 6, 7
Vanillesauce 124, 125
Walnüsse
Walnusssauce 101
Walnusssauce mit Dolcelatte und Crème fraîche 57
Weiße Schokoladensauce mit Minze 114
Wild 96–109
Wildpilzsauce 19
Ziegenkäsesauce mit Pinienkernen 56
Zwiebelsauce mit Bier 88, 89